Angela Schidt Bernhardt

Spätsommerhimmel in Sanssouci | Reihe: ZΩH / ZOE

Die Deutsche Nationalbibliothek – CIP-Einheitsaufnahme.
Die Deutsche Nationalbibliothek verzeichnet dieses Buch in der Deutschen Nationalbibliografie;
detaillierte bibliografische Daten sind im Internet über http://dnb.d-nb.de abrufbar.

Erste Auflage 2012
© Größenwahn Verlag Frankfurt am Main Sewastos Sampsounis, Frankfurt 2011
www.groessenwahn-verlag.de
Alle Rechte Vorbehalten.
ISBN: 978-3-942223-11-9

Angela Schmidt-Bernhardt

Spätsommerhimmel in Sanssouci

Lebensabschnitte einer Vierteljüdin

IMPRESSUM

Spätsommerhimmel in Sanssouci
Reihe: ZOE / ZΩH

Autorin
Angela Schmidt-Bernhardt

Seitengestaltung
Größenwahn Verlag Frankfurt am Main

Schriften
Constantia, *Lucida Calligraphy*

Covergestaltung
Peter Sarowy

Coverbild
Anneliese Schmidt

Lektorat
Thalia Andronis

Druck und Bindung
Print Group Sp. z. o. o. Szczecin (Stettin)

Größenwahn Verlag Frankfurt am Main
Februar 2012

ISBN: 978-3-942223-11-9

INHALT

- 7 — VORWORT »*ES IST DOCH NICHTS BESONDERES!*«
- 9 — ANNELIESE, GENANNT PUTI
  VIERTELJÜDIN
  GEBOREN IM JAHR 1920
- 17 — LIEBE IN ZEITEN DES KRIEGES
- 37 — EIN KISTCHEN VOLLER MIMOSEN
- 59 — STUDIENPLÄNE – BERUFSPLÄNE – LEBENSPLANUNG
- 71 — »NOCH NICHT EINMAL EIN BETT KONNTE SIE BEZIEHEN …!«
- 73 — DIE KLEINE SCHWESTER
- 79 — WAS BLEIBT
- 81 — NACHWORTE
- 85 — QUELLEN UND ANMERKUNGEN
- 91 — BIOGRAPHISCHES

Alle Namen in dieser Erzählung sind von der Autorin frei erfunden.
Etwaige Namensähnlichkeiten sind reiner Zufall.

VORWORT

»Es ist doch nichts Besonderes!«

»Wie ist es, wenn man weder zu den einen noch zu den anderen gehört?« In der Antwort meiner Mutter verbarg sich ihr Lebensmotto: »Es ist doch nichts Besonderes!«

»Hauptsache Schweigen«[1], »Mischling zweiten Grades«[2], »Der halbe Stern«[3], so lauten Buchtitel, hinter denen sich Schicksale von Halbjuden und Vierteljuden verbergen. Alle entstanden im neuen Jahrtausend. Es dauerte ein halbes Jahrhundert, bis das Schweigen gebrochen wurde. Das Schweigen derer, die immer dazwischenstanden, die lebten, die überlebten.

Das leise Trauma, das Leiden, das keinen interessierte, schon gar nicht sie selbst, dieses Trauma verbarg sich hinter dem Schweigen. Sich selbst nicht zu ernst nehmen; schlimm erging es den anderen, unerträglich der Gedanke an die Mitschülerinnen, an die Freundinnen, an die Gäste der Eltern, an den Onkel in Berlin, die nicht dieses zweite Leben in der neuen Zeit erleben konnten; sie wurden verhaftet, erschossen, abtransportiert, zusammengepfercht, vergast.

Nach Auschwitz keine Gedichte mehr – nach Auschwitz keine Tränen für das eigene, für das geringere Leiden, das Leiden der Überlebenden – nach Auschwitz kein Mitleid mit den Überlebenden – keine Innenschau, keine Seelenverwandtschaft, kein Selbstmitleid, nein, das schon ganz und gar nicht; die Schuld, zu den Überlebenden zu gehören, die Scham des »Mischlings« – wo findet sich im »Weder-noch« die Identität?

Im Juli 2006 musste meine fünfundachtzigjährige Mutter ins Krankenhaus. Zwei Wochen später – nach intensiver Diagnostik und einem großen Bauchschnitt – kam die Nachricht der Ärzte: »Es bleiben ihr noch sieben Monate.«

In dieser Zeit erzählte sie – die es immer abgelehnt hatte, etwas aus ihrem Leben aufzuschreiben – mir manches. So versuche ich aus den Notizen, die ich mir in einer Schulkladde machte, etwas von ihren Erinnerungen festzuhalten und weiterzugeben.

ANNELIESE, GENANNT PUTI
VIERTELJÜDIN
GEBOREN IM JAHR 1920

»*I*n der Grundschule in Dresden – es war eine private Grundschule – war ich mit jüdischen Kindern in der Klasse. Die ersten Schulfreundinnen waren jüdische Mädchen aus reichen Familien. Einmal war ich zum Weihnachtsbaumplündern bei Annegret Linzer eingeladen; es gab Gesellschaftsspiele und schließlich in der Diele eine Filmvorführung mit Charlie Chaplin.«

Sie erinnert sich mehr als siebzig Jahre später an ihr Erleben des Jahres 1933:

»*Die Machtergreifung am 30. Januar 1933: Ich sehe es vor mir, wie Vati mich weckte und sagte, es sei etwas Ungewöhnliches geschehen. Wir sahen einen großen Fackelzug. Die Nazis feierten ihre Machtergreifung.*«

Dresden im Mai 1933. Sie fühlte sich stolz. Ihr Fechtclub beteiligte sich am Maiumzug. Sie durfte im Fechtkostüm teilnehmen. Höhepunkt war ein Zeppelin, der über der Menge schwebte. Der Umzug ging durch den Großen Garten. Auf einer Bank saß das Ehepaar Arnold. Herr Arnold, ein jüdischer Bankier, war Geschäftspartner des Vaters. Die Ehepaare waren befreundet.

»*Es war mir furchtbar unangenehm, sie da zu sehen. Ich hoffte nur, sie würden mich nicht erkennen.*«

Als Zwölfjährige erlebt sie zum ersten Mal Begeisterung und Distanzierung, Stolz und Scham, nah beieinander.

»*Alle begannen sich zu organisieren. Um auch organisiert zu sein, ging ich in die Jugendgruppe des VdA (Verband für das Deutschtum im Ausland). Wir trafen uns einmal pro Woche. Kurz war ich auch bei den Jungmädels.*«

Im Frühjahr 1935 – die Familie lebte seit einem halben Jahr in Waldenburg in Schlesien – waren die Eltern zur Kur in Bad Nauheim. Großmutter Okma kam zur Betreuung der Kinder. Puti war in der Untertertia. Als eine Schulfreundin fragte, ob sie zu einer Wochenendschulung des BdM[4] mitkommen möchte, nutzte Puti die Gelegenheit. Okma war schnell überredet, vielleicht fragte sie nicht viel nach, vielleicht wusste sie nicht genau, worum es ging, vielleicht hatte sie tatsächlich nichts dagegen. Puti weiß es nicht, aber sie weiß, dass die Eltern es bestimmt nicht erlaubt hätten. So ist Puti das erste Mal bei einer Führerinnenschulung des BdM dabei.

»*Das Beste war, wir schliefen auf Feldbetten; ich teilte mir mit der Freundin ein Bett.*«

1936 übersprang sie eine Klasse, da passten die Jungmädels nicht mehr, sie war zu groß dafür. Nun ging sie auch in den BdM. Vor allem, um nicht weiter aufzufallen, wie sie sagte. Sie nahm offiziell an Führerinnenschulungen teil. Als Fünfzehnjährige, lebte sie bewusst in zwei Welten. Von nun an wurde ihr das Nichtauffallen, das Verbergen, zur zweiten Natur.

Sie kannte die Nürnberger Gesetze[5], sie wusste um die ebenso komplexen wie absurden Ausführungsbestimmungen, die nicht nur »Volljuden« vom öffentlichen Leben ausschlossen, sondern mit ihren Schikanen auch »Dreivierteljuden«, »Halbjuden« und »Vierteljuden« betrafen.[6]

Im Herbst 1937 ging die Familie nach Dresden zurück. In der neuen Klasse fragte eine Mitschülerin Puti, ob sie es nicht sei, die man auf dem letzten Titelblatt der BdM-Zeitschrift gesehen habe. Puti als Prototyp des arischen Mädchens. Sie lächelte insgeheim darüber. Sie war fast 17. Jegliche Begeisterung war nun Distanzierung und Skepsis gewichen. Unter dem Vorwand, fürs Abi lernen zu müssen, entzog sie sich dem BdM.

Sie erinnert die Reichskristallnacht im November 1938. Nie hätte sie von Reichspogromnacht gesprochen, auch Jahrzehnte später nicht; ihre Sprache war auch die Sprache der Täter.

Tjed Cornelius Nette, ein junger Holländer, war ein Jahr zuvor als Praktikant bei der Porzellanmanufaktur Tielsch in Waldenburg gewesen, »*als mein Vater noch die Manufaktur leitete*«.

Nun besuchte der Holländer im November 1938 die Familie in Dresden. Er hielt sich einige Zeit dort auf, denn er wartete auf ein Geldschiff, so nannte er eine Überweisung. Puti ging mit ihm durch Dresden. *Ihre* Stadt war verändert, *alles zugenagelt*, sagt sie lapidar siebzig Jahre später. Es war der Morgen nach der Reichskristallnacht; es war ihr unangenehm, mit dem Ausländer durch diese Stadt zu gehen. Überall hingen Wahlplakate, auf denen in großen Lettern »JA« stand. Tjed Cornelius Nette wollte ein Plakat mit »NEIN«.

»*Er wollte es sich umhängen. ›Sind Sie Deutscher? NEIN.‹*«

Sie sagte zu mir: »*Ich fand ihn harmlos.*« Was meinte sie damit? Dass er die Gefahr unterschätzte, bagatellisierte, indem er scherzte?

Nach dem Krieg nahm Puti Kontakt mit Nette auf. Er lebte weiterhin in den Niederlanden, aber er hatte dort Schwierigkeiten. Er war als zu deutschfreundlich stigmatisiert. Danach verlieren sich seine Spuren.

Bis 1934 bewohnte die Familie in Dresden eine wunderschöne Villa. Als sie nach Waldenburg in Schlesien zog, vermietete sie das Haus an eine jüdische Familie. Die Familie verschwand bald darauf in Richtung Osten. Warum in den 30er Jahren in Richtung Osten?

»*Es wurde nie geklärt, warum.*«

Von dieser Familie hörten sie nie wieder. Nach der Rückkehr aus Waldenburg zogen sie nicht wieder in das Haus. Sie verkauften es an einen Briefmarkenhändler. Der Briefmarkenhändler kam Ende des Krieges vors Kriegsgericht. Er hatte einen Mann beim Kreiswehrersatzamt bestochen, um nicht noch eingezogen zu werden. Das Kriegsgericht verhängte das Todesurteil. In den Dresdner Bombennächten im Frühjahr 1945 wurde das Haus getroffen. Nichts blieb von der wunderschönen Villa übrig.

»*Das Unglückshaus*«, sagt Puti.

Von 1934 bis 1937 arbeitete ihr Vater in Waldenburg in der Thielschen Porzellanmanufaktur in der Geschäftsführung. Das Unternehmen geriet 1937 in die roten Zahlen – es hatte vermehrt technische Fehler in der Herstellung gegeben.

Ihr Vater erhielt ein Angebot aus Dresden: Der Pensionsverein vom ehemaligen Gebrüder-Arnold-Konzern sollte »arisiert« werden. Die Gebrüder Arnold waren in die USA emigriert, ihren Konzern hatte die Dresdner Bank übernommen. Der Vater und ein weiterer Mitarbeiter – Landwirt und Bonvivant – sollten die Aufgabe der Arisierung übernehmen.

Warum bewarb sich der Vater, Halbjude und überzeugter Gegner der Nazis, für diesen Posten? Er war über fünfzig. Hatte er zu dem Zeitpunkt bereits Sorge, keine adäquate Stellung mehr zu finden? Oder hoffte er mit der Übernahme dieser Aufgabe, seine »nichtarische« Identität zu verwischen?

Die Familie zog also wieder nach Dresden zurück. Der Gauleiter von Sachsen, Parteigenosse Mutschmann, bestellte im Oktober 1937 meinen Großvater zu sich. Es täte ihm Leid, aus dem Dienstantritt könne nichts werden. Hess, der Stellvertreter des Führers, habe andere Leute dafür vorgesehen. Hintergrund war wohl der Vorwurf, der Vater habe beim Tod des ältesten Arnold im Namen des Konzerns die Grabrede gehalten.

Zwei Jahre bewarb sich der Vater vergeblich. Aus allen Bewerbungen auf Stellen, die in der Deutschen Allgemeinen Zeitung, DAZ, ausgeschrieben waren, wurde nichts. Die Entlassung durch den Gauleiter hatte Konsequenzen. Mit der zunehmend bedrohlicher werdenden politischen Situation und der »*negativen Stimmung des Vaters*«, so Puti, wuchs die Angst in der Familie.

Im Sommer 1939 verbrachten die Eltern mit dem kleinen Sohn den Sommerurlaub in Büsum. Es war die Mutter, die die Idee mit der Ziegelei in Schleswig hatte. Sie las ein Kaufangebot in den Schleswiger Nachrichten. »*Ein Wink des Himmels*«, zitiert Puti ihre Mutter. Die Ziegelei wurde schnell gekauft. Bereits im September kam der Möbelwagen. Abrupt endete mit Kriegsbeginn die Dresdner Zeit.

Puti, die nach dem Abitur im Frühjahr 1939 nach Pommern ins Pflichtjahr gegangen war, kam erst Weihnachten zum ersten Mal nach Schleswig. Sie hatte keinen Abschied von Dresden. Darüber verliert sie kein Wort. Kein einziges Wort des Bedauerns, geschweige denn von Trauer, Sehnsucht oder Schmerz.

Hätte ich sie gefragt, sie hätte sicher gesagt, das spielte keine Rolle in einer Zeit, in der die Familie froh war, nach zwei Jahren der Arbeitslosigkeit des Vaters eine neue Perspektive zu haben. Außerdem kam der Krieg, da kam es auf so etwas nicht an. Da gab es Schlimmeres. Aber ich habe sie nicht gefragt; ich habe sie nicht unterbrochen, weil es auch mir nicht auffiel, damals, als sie erzählte.

Nach dem Pflichtjahr im Frühsommer 1940 zog Puti zur Familie nach Schleswig. Das Wohnhaus der Familie war auf dem Gelände der Ziegelei am Stadtrand. Ein Wink des Himmels, hatte die Mutter gesagt. Schleswig wurde mehr als ein Zufluchtsort. Der Ziegeleibetrieb aber war nur von kurzer Dauer.

Im Sommer 1940 wurden »Gastarbeiter« aus Österreich zugeteilt, zwei Schwerverbrecher, die sich monatlich bei der Polizei zu melden hatten. Doch schon 1942 gab es keine Kohlelieferungen mehr. So konnte nicht mehr gebrannt werden, und die Großeltern mussten die Ziegelei stilllegen. Der Vater wurde dienstverpflichtet, in einem Mühlenbetrieb mitzuarbeiten. 1943 übernahm er die Geschäftsführung des Lebensmittelladens von Herrn Schmahl.

Herr Schmahl, ursprünglich Ostasienkaufmann, hatte es geschafft, zu Kriegsbeginn aus Ostasien nach Deutschland zurückzukommen. Er hatte mit einer kleinen Klitsche angefangen, dann einen Großhandel aufgemacht, vom Wehrdienst war er befreit. Aber 1943 wurde er doch eingezogen, er sollte in die Gottorpkaserne zur Ausbildung; da hat er sich erschossen. Zurück blieben seine Frau und zwei kleine Söhne. Daraufhin holte Frau Schmahl meinen Großvater in den Betrieb.

Die Organisation der Lebensmittelzuteilung und -verteilung war aufwändig mit Lebensmittelkarten, mit abzutrennenden Abschnitten und mit Aufklebemarken.

1944 musste auch der Vater – fast 60-jährig – zur Musterung für den Volkssturm. Kurz darauf erhielt er die Einberufung zum Bau des Nordwalls an der Nordseeküste.

»*Halbjude*«, sagte Puti, »*vielleicht bekam er deshalb die Einberufung.*«

Er sagte zu seiner Frau: »Am besten, ich scheide aus dem Leben. Dann habt ihr es leichter.« Die Mutter rief die älteste Tochter zu Hilfe. Gemeinsam versuchten sie ihn umzustimmen. Die Einberufung wurde zurückgenommen. »*Wegen des Lebensmittelhandels*«, meint meine Mutter. »*Deswegen ist er drum rumgekommen.*« Was sie nicht sagt, ist, wer die Rücknahme erreicht hat. Ich vermute, dass sie es war. Ihr Vater, der Halbjude, überlebte die Nationalsozialisten. Nach dem Krieg machten ihn die Engländer zum Stadtdirektor.

Und die Tochter? Die »Stunde Null« wischte alles weg. Wie mit dem Feudel, dreiviertel, halb, viertel, alles weggewischt – es spielte keine Rolle mehr. 1948 heiratete sie, Beruf Hausfrau, dreifache Mutter, und schwieg, ein bitteres Lächeln. Der Ehemann war in der NSDAP gewesen, nicht aus Überzeugung, es war einfach besser gewesen für ihn, für die berufliche Laufbahn, die Entnazifizierung war nur ein Klacks gewesen, ging ganz schnell, alles weggewischt, mit dem Feudel, die Schwiegermutter in der NS-Frauenschaft.

Sprach sie mit uns von ihrer Familie, dann vermied sie das Wort »jüdisch«. Ihre Großmutter väterlicherseits nannte sie die »nichtarische Großmutter«. Ihre Base war »drei viertel« gewesen, der Vater und die Tante »ein halb«, sie selbst nur »ein viertel« – nichtarisch, versteht sich. Als Kind stellte ich mir Blutströme vor, die sich vermischen, gemischtes und reines Blut, genau abgemessen und abgefüllt. Spannend war das gemischte Blut, spannend und ein bisschen unheimlich.

Der Vetter, der durch großes Geschick seiner Mutter überlebte: »drei viertel« war er. Der hätte seine Memoiren schreiben sollen, so meinte es meine Mutter. Er tat es nicht, er wollte seine Kinder nicht mit seiner Vergangenheit belasten; er starb, ohne seine Geschichte den Nachkommen erzählt zu haben. Das bedauert sie. Aber sie selbst?

Ihr Leben lang wollte sie nicht auffallen, wollte nichts Besonderes sein, wollte nicht von sich reden machen. »Ein viertel«, darüber reden? Das lohnt nicht, hätte sie gesagt. Im Abwerten der eigenen Geschichte liegt auch ein Abwerten der Identität. Das Verschweigen und das Bagatellisieren wurden zur Überlebensstrategie. Die Abwertung der eigenen Empfindungen und des eigenen Erlebens wurden zum Teil der Identität.

Dass es doch »lohnt«, von ihrem Leben zu sprechen und zu schreiben, erlebt die nächste Generation.

LIEBE IN ZEITEN DES KRIEGES

Am 30. Dezember 2006 – sieben Wochen vor ihrem Tod – erzählte sie mir von ihm. 1933, sie war zwölf, da verliebte sie sich in den Mathelehrer. Albert Simmer war dreizehn Jahre älter. Es war in Dresden. Er kam von der Dürerschule, einer, wie sie es nennt, »*modernen Schule*«, die 1933 aufgelöst wurde, an ihr Gymnasium. Sie war in der Quinta. Gemeinsam mit ihrer Freundin Mia passten sie Herrn Simmer ab, wenn er am Nachmittag der Tochter des Juweliers Nachhilfe gab: Mia und Puti kamen mit dem Roller, hielten Schneeglöckchen in der Hand – »*ein Gruß aus dem Garten*«. Ein Jahr später zog Puti mit ihrer Familie nach Schlesien. Von 1934 bis 1937 blieb die Familie in Waldenburg.

Am 15. Mai 1935 schrieb Herr Simmer an seine ehemalige Schülerin nach Waldenburg eine »Häschenkarte«:

Liebe Anneliese,
für deine Ostergrüße danke ich Dir herzlich. Ich hab mich darüber ebenso gefreut wie über die Eins und überhaupt über deine Schulerfolge, von denen mir erzählt wurde. Wenn Du einmal Zeit und Lust dazu hast, kannst Du mir ja mehr davon und von deinem sonstigen Dasein berichten, denn sehen werde ich Dich in absehbarer Zeit wohl doch nicht.
Mit herzlichen Grüßen wünscht Dir alles Gute
A. Simmer

Ähnlich ist der Ton in einem Geburtstagsglückwunsch im gleichen Jahr: Der Lehrer wendet sich an seine ehemalige Schülerin, vielleicht eine Lieblingsschülerin, aber mehr wohl nicht, denn sie ist ja fast noch ein Kind:

Liebe Anneliese!
Noch nachträglich möchte ich Dir zum Geburtstag gratulieren (Du hast ihn ja wohl einen Tag nach mir) und für das kommende Jahr wünsche ich Dir weiter rechte Erfolge. Du bist jetzt sicher ein großes, starkes Mädel, das man bald »Sie« nennen möchte, und noch immer so still? Auch an unserer Schule könnte ich jetzt nicht mehr dein Lehrer sein, denn ich bin weggegangen und einem sehr ehrenvollen Ruf an die Militärschule gefolgt. Freilich die Kinder fehlen mir sehr, zumal wenn sie immer ihre Sache so fein machten wie Du. Für deinen Brief danke ich Dir sehr. Ich werde mich immer freuen, von Dir zu hören, und bleibe mit den herzlichsten Neujahrsgrüßen dein
A. Simmer

Bei der Rückkehr nach Dresden war sie kein Kind mehr. Sie traf ihn wieder. Zunächst zufällig bei Schulfesten, dann nicht mehr ganz so zufällig. Beim Abiturball tanzte er nicht mit ihr. Wie gerne hätte sie mit ihm getanzt. Sie war enttäuscht.

Doch es gab eine Erklärung: Der »treue Husar«, ihr Tänzer aus dem Tanzkurs, ließ Puti während des ganzen Abends nicht aus den Augen. Vielleicht hätte er sonst mit ihr getanzt, der Herr Simmer, der Albert Simmer, den sie insgeheim Alberto nannten. Der »treue Husar« nahm seine Aufgabe ernst, sehr ernst. Und Herr Simmer forderte sie nicht zum Tanz auf.

Zu Hause erzählte sie von Albert Simmer, ihrem Mathelehrer aus der Quinta. Die Eltern luden Herrn Simmer zum Kaffee ein. Nach dem Kaffeetrinken ging man gemeinsam spazieren. Puti hielt sich im Hintergrund. Interessierte sich der Herr Simmer nicht ausschließlich für ihre Mutter?

Das war im Jahr 1937 oder auch schon 1938. Albert Simmer war nun Anfang 30. Seine Eltern waren beide tot, er lebte mit der Schwester zusammen. Er interessierte sich doch für die Tochter. Denn als er Besuch von Onkel und Tante aus Schlesien bekam, da lud er Puti ein. Er wollte sie mit seiner Familie bekannt machen. Er wollte sie ganz gerne vorführen. Seine Schwester war dabei. Sie konnte Puti nicht leiden.

Am 29.7.1938 schrieb Albert Simmer an die Familie eine Postkarte aus seinem Urlaub in Misdroy:

Sehr geehrter Herr Dr. F.,
diese Karte soll Ihnen einen Ausschnitt geben aus all dem Schönen, das sich hier bietet: der Wald, die Steilküste, der Strand und vor allem die See selbst, der freilich hier die immer schöne Farbe fehlt. Es wäre sehr fein, wenn wir uns an Ihrem Gestade treffen könnten. Nur bin ich für das Ende der Ferien in den Harz eingeladen und fahre daher am 4. August über Leipzig dahin. Sollte sich bei dieser meiner gebundenen Marschroute eine Möglichkeit finden lassen, wäre ich Ihnen für eine Nachricht sehr dankbar.
Bis dahin grüßt Sie und Ihre liebe Familie herzlich Ihr sehr ergebener A. Simmer

Vom selben Tag findet sich eine weitere Karte – diesmal mit etwas größerer Schrift und dem wesentlichen Inhalt:

Kolzow, den 29.7.38,
Sehr geehrter Herr Doktor F.,
Soldatenlos: Das Generalkommando hat, ohne mich zu fragen (!), unsere Prüfungen auf den 4. und 5. 8. vorverlegt, so dass ich spätestens am 3. vorm. zur Konferenz in Dr. anwesend sein muss. Damit wird der 2. mein Reisetag und ich sehe mit großer Enttäuschung unser Treffen und natürlich auch meine Harzreise entschwinden. Dafür wünsche ich Ihnen schönere und vor allem ungestörte Ferien.
Ihr sehr ergebener A. Simmer

An Puti schrieb er Ende des Jahres zum Geburtstag; diesmal siezt er sie:

Herzliche Glückwünsche zum Geburtstage und für das kommende Jahr, das doch für Sie immerhin mit dem hoffentlich recht guten Schulabschluss einen beachtlichen Lebenseinschnitt bringt, sendet Ihnen, liebe Anneliese, Ihr »alter« Lehrer Albert Simmer nebst Schwester
Dazu wünschen wir Ihnen und Ihrer lieben Familie ein schönes Weihnachtsfest.

Nach dem Abitur ging Puti nach Pommern ins Pflichtjahr und dann nicht mehr nach Dresden zurück, sondern zu ihrer Familie nach Schleswig. Das war 1940. Die deutschen Truppen hatten halb Europa überfallen. Simmer unterrichtete in Berlin an einer Kadettenschule, ehe er in den Osten musste. Zwei Mal trafen sie sich in Berlin. Dann schrieben sie sich Briefe. Es gab viele Briefe. Im Krieg schrieb Puti viele Briefe an die Front. Immer wieder schrieb sie an Simmer. Immer wieder schrieb er an sie. Schreibend blieben sie sich verbunden; schreibend verbanden sie sich.

Ich finde einen Brief vom 15. Oktober 1939 an den Vater. Verbundenheit mit der Familie? Werben um die Tochter? Wann hat Puti, die zu dieser Zeit in Pommern im Pflichtjahr war, diesen Brief erhalten und ihn zu ihren Briefen sortiert? Simmer war auf dem Laufenden. Er wusste, dass der Vater im Sommer 1939 eine Ziegelei in Schleswig übernommen hatte. Wusste oder ahnte er, dass die Familie wegen der »nichtarischen Abstammung« in Dresden mit Schwierigkeiten rechnen musste, dass dem Vater in Dresden die Türen verschlossen wurden, dass ihm, der in den zwanziger und dreißiger Jahren ein erfolgreicher und bekannter Manager gewesen war, nun ebendieser Erfolg und ebendiese Bekanntheit zum Verhängnis zu werden drohten, da er sich um die Vermehrung jüdischen Kapitals verdient gemacht hatte?

Begeisterung über die nationalsozialistischen Eroberungsfeldzüge spricht jedenfalls nicht aus Simmers Zeilen:

Dresden, den 15. Okt.1939
Sehr verehrter Herr Dr. F!
Wie mag es jetzt am Karpfenteich' aussehen? Zum Glück ist ihr Werk vom Ausland und damit von Devisen und ähnlichem unabhängig. Das hab ich mir schon manchmal überlegt. Nun sollen nur die Leute noch ordentlich die Bauwut kriegen, die Wehrmacht vor allem, so dass Sie recht viel Aufträge und auch die nötigen Leute dazu bekommen. So, das waren zunächst meine Wünsche, die ich denen für Gesundheit usw. im letzten Brief noch anfügen möchte. Und dann möchte ich gleich herzlich danken für Ihre lieben Zeilen. Ja, ja, »wer heutig Zeiten leben will ...«, solch ein wackeres Sprüchlein ist oft recht nützlich, wenn man sich's vorsagt im rechten Augenblick. Alles überhaupt ist nützlich jetzt, dass uns etwas Frisches und Forsches gibt. Sich positiv einstellen allem gegenüber, das ist wohl die Kunst. Denken kann man ja über so manches, wie man will, aber bloß nicht resignieren, ich glaub, das ist heute »falscher« denn je. Und ebenso scheint es mir heute mehr denn je darauf anzukommen, dem Augenblick voll gerecht zu werden, das »futurum exactum« steht wohl nur noch in Lyon (mein deutsches Sprachlehrbuch aus der Schulzeit). Dass die Zukunft rosig aussehen möge, wünschen wir alle, aber – na, wir wünschen es eben. – Hat es damals geklappt mit dem Besuch des Stadttheaters (mit anschließender Pilgerfahrt)? Auch solche Dinge werden sich einmal einrenken, im Augenblick lassen sie sich zur Not verschmerzen. Trotz aller guten Vorsätze hab ich es seit so langer Zeit nicht mehr zu derartigem gebracht – und sitze doch an der Quelle! Der Besuch der Gemäldegalerie und ähnlicher Kunststätten – zu dem Sie damals nicht mehr kamen – hat sich auch für uns erledigt, die Madonnen, Bauernszenen, Landschaften ruhen einträchtig beieinander irgendwo im tiefen, bombensicheren Keller (Ergebnis der chemischen Reaktion: Zivilisation contra Kultur!). Ein Landschaftsbild möchte ich

Ihnen mitschicken können, das im Augenblick so herrlich sonnenüberglänzte Elbufer drüben zwischen Hosterwitz und Pillnitz, davor auf unserer Seite die große alte Weide und auf der Wiese der Hirt mit seinen Lämmern – Idyll, Friede und gar nicht einmal Phantasie. Eben lese ich auch wieder einmal Wiechert, das heilige Jahr. Aber ich tu auch Nüchternes. Vor wenigen Minuten erst verließ mich der alte Tischlermeister, der Maß nahm für ein Doppelfenster im Bad. Prompt, wie er es vor Tagen versprach, war er auch gekommen, und ebenso prompt werden wir am Freitagvormittag das Fenster haben: Alles in allem die zuverlässige gute alte Zeit. Ich bin dem biederen Manne selbst ordentlich gut. Aber da bin ich, wie ich eben merke, gar nicht mehr eigentlich »nüchtern« geblieben. Aber das scheint mir mit dem meisten so zu gehen, irgendein Glanzmäntelchen bekommt nach Möglichkeit alles umgehängt – Dankbarkeit gegen die kleinen Dinge. Ich glaube, ich habe damit eine große Gabe. Und nun wünsche ich auch Ihnen, sehr verehrter Herr Dr. F, viele solcher »Glanzmäntelchen« (vielleicht betrachten Sie es auch nur im Sinne des Rabenwortes: »Unsere tägliche Illusion gib uns heute!«) und, wie immer, alles, alles Gute. Damit grüßt Sie und Ihre liebe Familie herzlichst

    Ihr stets getreuer A. S.

Zwischen Büchern, Fotoalben und Briefen fand sich nach Putis Tod ein Tagebuch, beginnend am 17.4.1936; in Jungmädchenhandschrift mit schwarzer dünner Feder geschrieben, lautete der erste Eintrag:
»*Von nun an möchte ich Wichtiges und Unwichtiges in dieses Tagebuch schreiben.*«
Die Abstände der Notizen sind sehr unregelmäßig, anfangs wöchentlich oder monatlich, ab 1937 werden die Abstände größer; in den Kriegsjahren liegen die Einträge oftmals sechs bis acht Monate auseinander, die Handschrift verändert sich, das Erwachsenwerden zeigt sich im Schriftbild. Über dem letzten Eintrag steht 7. Oktober 1945; das sind neun Jahre nach dem Beginn des Büchleins. Die letzten zehn Seiten des Tagebuchs blieben unbeschrieben. Zwischen den Tagebuchseiten liegen vereinzelte Postkarten von Ausflugszielen in den dreißiger Jahren, Theaterkarten aus der Kriegszeit anlässlich der Besuche bei der Berliner Verwandtschaft und Briefe, besondere, bedeutsame Briefe, die wohl nicht verloren gehen sollten.

Am Ende des roten Lederbuchs findet sich ein Brief von Simmer vom 18.11.43, in dem er eine Verabredung mit Puti in Potsdam vorschlägt.

F.O., den 18.11.43
Liebes Fräulein Anneliese!
Herzlichen Dank für Ihren Brief, der mir eine schöne Überraschung ankündigte. Das wäre ja fein, könnten wir uns so sehen und sprechen. Allzu weit liege ich nicht von der Stadt weg, komme aber schwer von der Stellung los. Doch wenn alles so klappt, wie ich es mir denke, kann ich am Sonntag in Potsdam sein. Ich schlage Ihnen vor, dass wir uns dort um 3 Uhr nachm. treffen, am besten am Ausgang des S-Bahnhofes. Sollte ich aus technischen Gründen ein wenig später kommen, bitte ich die Geduld nicht zu verlieren. Trotz des Briefes, den ich der Beschleunigung wegen schon frankiere, werde ich Sie am Sonnabend telefonisch zu erreichen suchen. Ich bin auf diesem Wege zu erreichen über die Amtsnummer 751689. Es meldet sich Untergruppe Marienfelde, von da bitte 2./307 oder 6./307 verlangen (das sind die Batterien, die ich zurzeit betreue). Dort werde ich jederzeit an den Apparat geholt.
Auf frohes Wiedersehen also am Sonntag, und inzwischen herzliche Grüße!
Ihr A. Simmer

Am Sonntag, 28. November 1943 schrieb Puti in ihr Tagebuch:

»Vor etwa 10 Tagen hatte ich meine zweite Urlaubshälfte, sieben Arbeitstage. So fuhr ich am Abend des 16.11. los nach Dresden ...«

Einige Tage später ging es von Dresden nach Berlin weiter:

»'Dorle schleifte mich sofort von der Bahn ins Kino. Abends gemütlich bei Haas und verschiedene Anrufe. Sonntag, 21. vorm bei Grete K, die reizend nett war wie immer. Nachm. um 15.00 traf ich mich in Potsdam mit Herrn Simmer. Das wurde ein wunderschöner Nachmittag. Erst streiften wir durch Potsdam, wo Simmerchen mir das Militärwaisenhaus zeigte, an dem er ehedem wirkte. Und dann wanderten wir an Sanssouci vorbei durch den verdämmernden Park. Er hat mir so herrlich viel erzählt, wie früher auf dem mondbeschienenen Balkon der Reichenbachstraße. In einem netten Café gab's Tee mit Zucker und von Tante Grete vorsorglich mitgegebenem Kuchen. Als Gegengabe bekam ich ¼ Pfund Wurst und eine Urlauberkarte für 1 Tag (komisch?). Die gemeinsame S-Bahnfahrt beschloss diesen Tag. Es hat mir so gut gefallen und Brix[7] meint, ich sei verschossen. (Ich glaube aber ganz sicher, dass er Mutti viel besser leiden mag).«

Noch am selben Abend erlebte sie in Berlin einen Bombenangriff und Stunden im Luftschutzkeller. Zum übernächsten Tag notiert Puti:

»Mittags bekam ich durch einen Flieger einen reizenden Brief von Simmer. Nachmittags halfen Dorle und ich gegenüber beim Löschen: Eimerkette, Pumpen und Spritzen. Bis um ½ 8 der neue Alarm dem ein Ende machte.«

Wie hat Herr Simmer das Treffen in Potsdam erlebt? Er ist besorgt um Puti, er ist vorsichtig, er hofft auf bessere Zeiten:

Dresden, den 4. Advent 1943
Liebes Fräulein Anneliese!
Zu Ihrem Geburtstag sende ich meine herzlichen Wünsche und Grüße. Nach den schlimmen Nächten in Berlin hat er ja eigentlich eine ganz besondere Bedeutung. Wenn ich Ihnen auch damals schrieb, dass ich vom glücklichen Ausgang für Sie überzeugt war, bin ich doch für Ihr Lebenszeichen sehr dankbar. Recht froh bin ich auch darüber, dass Sie trotz allem diese Tage nicht missen möchten. Die Erinnerungen mögen ja kontrastreich genug sein, erst das verklärte Potsdam und dann jenes Inferno. Hoffentlich geht es Ihnen hier auch so, dass das Schwere eher verblasst und das Schöne stärker haftet. Da ich zu Weihnachten bei der Batterie bin, habe ich mich wirklich nicht sehr gegen die Möglichkeit gesträubt, den letzten Advent zu Hause zu verbringen. Es war mir auch eine willkommene Gelegenheit, Ihnen zu schreiben, denn der Postabgang von Berlin aus ist mehr als unsicher. So will ich diesem Brief auch gleich meine herzlichsten Weihnachtsgrüße für Sie alle anvertrauen. Bleiben Sie gesund und froh beisammen, bis einmal bessere Zeiten anheben.
Dies wünscht Ihnen von Herzen
Ihr A. Simmer

Vier Briefe sind in einem Umschlag zusammengefaltet, vom Januar bis zum April 1944, als Absender entziffere ich auf dem Umschlag: Simmer, Heeresabteilung, Berlin-Marienfelde, postlagernd:

16.1.44
Liebes Fräulein Anneliese!
Es ist bei uns doch ein wenig drüber und drunter gegangen in letzter Zeit, und zu der Aufgabe, unsere arg mitgenommenen Unterkünfte wiederherzustellen, kommt noch eine verstärkte Ausbildung. Da bleibt nicht viel Zeit zum Schreiben. Aber nun möchte ich Ihnen herzlich danken für alles, auch für die sicher sehr willkommenen Zigaretten für meinen Melder, die ich ihm morgen geben werde, wenn er von seinem Kommando zurückkommt. Warum soll ich mich nicht freuen, ausführlich über Sie alle zu erfahren? Nur, dass der Luftkrieg auch für Sie in bedrohliche Nähe rückt, ist mir gar nicht recht. Es sollte genügen, wenn wir uns hier mit den Burschen herumschlagen. Merkwürdig, sie haben es immer wieder auf unsere Gegend abgesehen, doch wir blieben bisher, wenigstens was Menschenleben anlangt, ganz wunderbar bewahrt.

Unser liebes Dresden – ich war ja über Neujahr kurz dort – macht äußerlich noch einen ganz friedlichen Eindruck, wenn es auch von bösen Zungen »Zittertal im Wartegau« genannt wird. Nur merkwürdig, wie sich dort die Menschen mit Kleinigkeiten und Kleinlichkeiten selbst das Leben schwer machen. Ich hatte einige Pflichtbesuche zu erledigen und war davon bedient. Schlimm, wenn eine so besonders geartete Zeit die Menschen, denen man Format zutrauen müsste, so eng und arm findet an Verstand und Herz. Da bewundere ich immer wieder meine Schwester, wie sie über allem steht, obgleich sie es gar nicht einfach hat mit ihren Pflichten und Aufgaben.

Jetzt ist aber das Sandmännlein bei mir schon mächtig am Werk. Ich werde mich also ein andermal weiter unterhalten und für heute mich verabschieden. Nicht aber ohne die herzlichsten Grüße und Wünsche an Sie alle und mit herzlichstem Dank für die Ihren.
Ihr A. Simmer

F.O. den 3.3.44
Liebes Fräulein Anneliese,
Nun bin ich wieder »daheim«. Gleich nach mir lief Ihr lieber Brief hier ein, für den ich Ihnen herzlich danke. Es ist schön, auf diese Art wenigstens hin und wieder Teil zu haben an Ihrem Daheim da oben in Schleswig, Anlass genug übrigens für Sie zum Schreiben, und das nicht nur in der Einbildung. Wir haben ja einen gemeinsamen Freund, stellte sich heraus: den schönen wachsenden Mond. Er erzählte mir gestern Nacht von Ihren Knicksen – nicht freilich von Ihren Wünschen, der Verschwiegene! Wir alle hier begrüßen ihn jetzt noch doppelt gern, sorgt er doch dafür, dass wir Ruhe haben. Das war recht schön in Graudenz, und ich sah mir dort Film und Theater an, schon um das Gefühl des Ungestörtseins auszukosten. Zur Weichsel zog es mich jeden Tag, dadurch wurde mir selbst der dürftige Schlossberg zum willkommenen Aussichtsplatz. Nur seltsam, immer vermutete ich von dort oben aus das feindliche östliche Land gerade auf der abgewandten flachen Uferseite. Da war das Bild von den prächtigen ... aus schon anders. Da wurde mir das schöne ... Gedicht von der ... von Marienburg so richtig lebendig, und ich fiel damit gleich über den alten Führer der Marienburg her, der wohl nur durch mein begeistertes Zitat vom »Verrat, der das Westtor erschließt« zu bewegen war, uns Verspäteten auch noch etwas zu erschließen. Durch den säumigen Zug entging ich so einer hergeleierten Führung, die ich so gar nicht mag, und konnte einen Teil des Inneren und so vor allem den Blick hinaus auf meine Art erleben.

Auch Danzig habe ich besucht, sogar auf der Rückfahrt den Bogen dahin mitgenommen. Sehr zur Freude meines Tantchens, die erst kürzlich ihren Mann verlor, während ihr Sohn an der Ostfront steht. Ich glaub, ich schrieb Ihnen schon kurz davon. Ich möchte ihr öfters einmal Mut machen und mit Rat und Tat beistehen, sie ist doch recht hilflos in dieser immer liebloser werdenden Welt.

Dass Sie auch lustig und ausgelassen (sogar kasprig) sein können, ist ja herrlich. Ich kann mir das noch gar nicht recht vorstellen. Und

doch, glaub ich, muss man jeder Minute dankbar sein, die dazu Gelegenheit gibt und in der Sonniges von einem ausgeht – die anderen können's brauchen!
Ob das ein Sonntagsgruß wird? Schön wär's, und ein recht herzlicher dazu.
  Ihr A. Simmer

F.O., den 10.3.1944
Liebes Fräulein Anneliese,

melde gehorsamst: »Angriff der Amerikaner bisher gut und erfolgreich überstanden!« Ja, auch das Letztere. Erst gestern noch kam so ein viermotoriges Ungeheuer mit völlig zerschossenem Rumpf und ohne jedes Leitwerk aus der dichten Wolkendecke dicht über uns herabgesegelt und zerschlug nicht allzu weit von der Stellung vollständig. Ich sag es immer wieder, was werden sich die Menschen gegenseitig noch alles anrichten? Zurzeit übrigens ist mein Schwesterlein von einer Kriegsmaßnahme arg bedroht. Sie soll als Wehrmachthelferin oder so etwas eingezogen werden. Da muss der große Bruder schon einmal nach dem Rechten sehen. Sobald ich kann, vermutlich am Dienstag oder Mittwoch, fahre ich einen Tag nach Dresden (die Pistole nehme ich mit). Doch es gibt noch andere Gründe für eine kurzfristige Reise: Gebäck (wortwörtlich, nicht etwa sächsischer p-Laut!) unter den Arm geklemmt und fort – der Gedanke ist ebenso schön wie opfermutig. Ja, wenn diese nicht vorherzusehenden Angriffe nicht wären, bei denen ich dann tolle Angst ausstehen müsste. Da ist eine postlagernde Sendung nach B. Marienfelde denn doch harmloser, wenn auch ungleich prosaischer. Doch da ertappe ich mich gerade dabei, wie ich die Annahme als etwas Selbstverständliches betrachte, und das ist es nun ganz und gar nicht. Seit ich auf dem Lehrgang außer Truppenverpflegung war, weiß ich, wie schwer das Durchkommen »im freien Handel« ist. Und von dem Geringen dem Haushalt noch etwas abzuknapsen, das bring ich nicht fertig. Dies übrigens sicher auch eines der Gesprächsthemen jenes Hausfrauentreffens, dessen Schilderung so nett zwischen den Zeilen lesen ließ. Dass Sie mir die zukommen ließen, wenn auch angeblich in Ermangelung anderer Zuhörer, war ein recht guter Gedanke, für den ich Ihnen sehr dankbar bin.

In zwischen hat Sie sicher mein vorangegangener Brief erreicht – ob er auch drei Tage gegangen ist? Hoffentlich trifft er Sie alle bei bester Gesundheit – auch den Kleinen – und Stimmung – auch Ihren lieben

Herrn Vater trotz der augenblicklich weniger schönen Beschäftigung – an, ich wünsche es Ihnen jedenfalls von Herzen und grüße Sie vielmals.
   Ihr A. Simmer
   N.S. Ich sehe gerade, meine Schrift wird immer schlimmer. Ein wenig darf ich das auf das Händchen schieben, das seit einer Gefechtsnacht im Dezember noch etwas kaputt ist (verstaucht oder so etwas), zum anderen liegt es wohl doch am Charakter, wie kundige Leute sagen. Ob sich das mit der Hand auch bessert?

Marienfelde, den 4.4.44
Liebes Fräulein Anneliese!

Das ist der Nachteil davon, dass man den ganzen Tag an der frischen Luft umherstiefelt, dass dann die Augen immer zufallen wollen, sobald man abends in die Wärme und zur Ruhe kommt.

Aber für Ihre lieben Briefe muss ich Ihnen doch recht herzlich danken, zumal heut ein gar so seltsames Datum ist. Und da nicht alle Post so schnell geht wie meine letzte, soll das auch gleichzeitig ein recht, recht herzlicher Ostergruß für Sie alle sein!

Ich schreibe »zivil«, da ich Ihnen den Grund andeuten möchte, aus dem ich auf absehbare Zeit nicht hier wegkomme. Es hängt gerade zur Weise mit unserem Wegkommen von M. zusammen, etwa 20 km weiter südlich aufs Land! Richtig weltabgeschieden wird es da sein, denkbar primitiv zunächst, aber – das ist für andere das Beruhigende – beträchtlich weiter ab vom Schuss. Es ist eben doch für mich die wanderselige Zeit jetzt, und jedes Jahr fast um die gleiche Zeit seit Kriegsbeginn begab sich für mich etwas Neues. Sobald sich etwas geklärt hat, lass ich es Sie wieder wissen.

Wie herrlich mag es jetzt dort oben in der Frühlingssonne sein!
In Herzlichkeit grüßt Sie Ihr A. Simmer

In einem Umschlag mit Briefentwürfen von Puti findet sich ein weiterer auf dünnem, schlechtem Papier geschriebener Brief von ihm. Er bezieht sich auf ein Treffen – Puti sprach mir gegenüber von einem zweiten Treffen in Berlin, oder war es wieder in Potsdam? Auffallend die geänderte Anrede (»liebe Lix«) und ebenso der Absender:

F.O. (M!), den 26.4.44
Liebe Lix,
wo ich bin, noch bin – trotz eines recht militärischen Hin und Her – ist unschwer zu erraten. Wo ich war, dagegen schon weniger einfach. Den vergangenen Sonntag verbrachte ich in Dresden. Durch reichliche Kühnheit und durch die strikte Forderung, vorher noch meine Wintersachen heimzubringen, gelang mir dies Husarenstückchen. Daheim fand ich noch alles friedlich wie bisher, ein wohltuender Eindruck gegenüber den Berliner Zimmern, die ich auf der Suche nach Ihnen durchpilgerte. Das Wetter freilich war bei unserem gemeinsamen Wandern schöner, unvergleichlich überhaupt die stille Sonne im Gartenwinkel von Sanssouci: Ich freu mich so herzlich, dass Ihnen das alles auch so gefiel. Und nun trafen Sie umgekehrt daheim die Kriegsschrecken an? Aber wie kann man nur bei Angriffen so leichtsinnig »zugucken«? Wenn die Kerls da oben im Notwurf ihre Bomben lösen, ist ihnen doch gleichgültig, wohin die treffen. Also, dies sei eine Ermahnung gegen falsche Tapferkeit – ob's hilft?
Sehr lieb von Ihnen, dass Sie mir noch Blumen aus Berlin schicken wollten und noch von so weit tatsächlich auch geschickt haben. Recht herzlichen Dank dafür, ebenso für all die vielen Grüße, die ich inzwischen bekam und über die ich mich so freute. Ich erwidere sie von Herzen und wünsche Ihnen, liebe Lix, und Ihren lieben Angehörigen für die kommende Zeit alles Gute.
N.S. Mein langes Schweigen bitte ich zu entschuldigen, es hängt mit besagtem Hin und Her zusammen.
Ihr Bert Simmer

Puti möchte wissen, wie der Freund zu ihr steht. Wie hat sie die Frage formuliert? Wie drückte sie sich aus? Wie direkt wurde sie? Wir wissen es nicht. Ihre Fragen finde ich nicht, ich finde seine Antwort.

Am 2.5. 1944 schrieb er:

Liebe Lix,
aus dem tollen Wirbel der Umgebung was ist ... entferne ich meinen Geist und komme nach Schleswig zu Besuch. Da es am Abend ist, bekomme ich sicher ausführlich erzählt von dem, was der Tag so gebracht. Und wie gern hab ich an allem teil, wie könnten Sie es anders denken! Wenn freilich Ihre Frage tiefer greift, muss ich sie schon gründlicher beantworten, auf jeden Fall aber ganz offen. Ich kann mir denken, dass wir uns sehr, sehr gut verstehen, umso besser sicher, je näher wir uns kennen lernen. Ob das nun bedeutet, dass wir im Leben zusammengehören, weiß ich nicht. Ich bitte immer für diesen Fall, dass eine innere Stimme mich das klar erkennen lässt zu meinem eigenen Besten und vor allem zu dem des anderen Menschen. Es ist aber jetzt so, und ich sprach Ihnen schon davon, dass ich mich in mir selbst nicht auskenne hierin. Liegt es an der Zeit, die so viele Probleme aufwirft, dass einer damit kaum fertig wird, zumal man sich unbefangen mit ganz wenigen nur aussprechen kann? Wie so gerne täte ich das mit Ihnen, liebe Lix, in schöner, freier Weise, ich zum mindesten hätte sehr eine davon. Aber freilich, Sie wollen früher oder später wissen, wohin Sie gehören, wenn sich auch mit Zwang hier nichts tun lässt. Guter Gott, dass sich zur rechten Zeit für uns beide alles zum Besten fügt. Nur der Gedanke wäre für mich recht schwer, dass Sie vor einer Entscheidung stehen, die ich nun durch mein Verhalten so oder so beeinflusse mit zunächst noch ungewissem Ergebnis.

Aber wenn es ohne Härte für jemanden möglich wäre, dass wir in Verbindung bleiben, wie es bisher so schön begann, dann wäre ich sehr dankbar und sehr froh darüber. Ach, liebe Lix, es ist gar nicht so einfach, inmitten eines solchen Zigeunerbetriebs, wie er augenblicklich bei uns herrscht, jemandem, dem man so gerne eine Freude machen und so viel Gutes tun möchte, ganz unmittelbar sein Empfinden klar zu machen. Wie werden Sie es auffassen? Mich für unentschlossen halten? Doch lieber bin ich zu sehr verantwortungsbewusst als zu wenig.

Und vor allem sollen Sie wissen, dass ich es recht herzlich gut meine. Ihre Fürsorge um mich ist so lieb. Ein bisschen Grund war schon vorhanden, jedenfalls war noch kein Tagesangriff für uns so schwer wie der letzte. Blieben wir aber bisher so gnädig bewahrt, wird es nun dort draußen »in der Natur« erst recht der Fall sein.

Für heute liebe Grüße
Ihr Bert Simmer

F.O., den 17. Mai 44
Liebe Lix,
Es ist nicht schön zu erfahren, dass wir Offiziere hier bis mindestens in die ersten Junitage fest angebunden sind. Dazu ein ziemliches Maß von Arbeit, die sich für mich gerade heute durch einen besonderen Auftrag noch beträchtlich vermehrt hat. Und doch soll's mich nicht davon abhalten, die herrliche Natur ringsumher mit offenen Sinnen zu genießen. Ist doch die Welt gerade nach dem schlimmen Winter uns wie neu geschenkt. Seit der »Kinderlandverschickung« hat uns ernstlich nichts mehr berührt. Es wird auch so bleiben. Und in Schleswig, wie steht es da? Hoffentlich war jener Fall der einzige? Warum sich selbst Schlechtes wünschen? Aber prächtig muss ja dort jetzt alles grünen und blühen. Aus dem letzten »reich« liegt eine Karte vor mir, auf der Schleswig in schier unendlicher nördlicher Ferne liegt. Was für ein Opfer ist nur so eine Reise, das wird mir dabei erst richtig klar! Jetzt sollte man zudem die Einreise nach B. sperren, denn die Innenstadt ist weniger sicher als je zuvor, das haben die letzten Angriffe bewiesen.

Herzlich will ich nun danken für die Briefe und das feine Büchlein. Beim Faust-Lesen möchte ich Mäuschen sein oder Faust selbst, der es mit einem so netten Mephisto wohl aushalten kann. Und sonst wünsch ich weiterhin allen alles Gute und grüße Sie herzlichst
Ihr Bert

F.O., den 19.8.44
Liebe Lix,
es ist eine Zeit jetzt, in der man sich am besten direkt austauschte!

Umso tragischer, dass dies beinahe tatsächlich möglich gewesen wäre und doch nicht geworden ist. Ja, der Schluss Ihres letzten Briefes ist schon richtig, ich bin noch am alten Ort, wenn auch wieder etwas seitlich verschoben. Andererseits stimmte auch die andere Auskunft, allerdings eben nur für die Batterie. Und hätte ich nur den Ankündigungsbrief rechtzeitig bekommen, da wäre noch etwas zu retten gewesen. Schade, zu schade, Sie hätten es einmal gut haben sollen hier bei mir in der »Sommerfrische«, zumal ich da noch die Batterie allein dirigierte und, wenn auch nicht abkömmlich, so doch in meinem »Regierungsgebiet« freizügig war. Inzwischen werden Sie ja den schönen Spätsommer daheim genossen haben. Ist's in der Schlei auch so schön wie in unserer Kiesgrube oder in unserem See? Ein großer Unterschied freilich ist dabei der, dass Sie nicht wie wir ein Telefon mit an die Badestelle nehmen und jederzeit gewärtig sein müssen, selbst von diesem kurzen Vergnügen wegalarmiert zu werden. Ob Sie an jenem Sonntag in B. waren, als die Amerikaner den Mittagsangriff starteten? Meine Batterie hat da 7 dieser Kerls heruntergeholt, leider aber eben viel zu wenige!

Es ist lieb von Ihnen, dass Sie nicht immer nur das Schöne und Angenehme geschildert haben wollen. Ja, für das andere gilt mein erster Satz. Und davon, dass ich gerade in letzter Zeit gar manchem doch so oder so recht schön helfen konnte, davon schreibt man nicht, obgleich es die größte Freude macht.

Nun bin ich schon wieder so müde, liebe Lix, dass ich mich verabschieden muss. Nicht aber, ohne vorher Sie alle noch recht herzlich zu grüßen und Ihnen weiterhin alles Gute zu wünschen!

Ihr Bert

Heimersdorf, 19.9.44
Liebe Lix!
Halb in die Erde geduckt liegt am Rande einer weiten baumbestandenen Wiesenfläche ein kleines festes Haus, das aus freundlichen breiten Fenstern über den Wall hinaufschaut zum Spätsommerhimmel. Da nun der Abend gekommen ist, schließt ein williger Geist die Läden, geht die wenigen Stufen hinunter ins Innere, hält sich im Vorraum gar nicht auf, und auch in dem kleinen Küchlein hat er jetzt nichts zu tun. Er geht gleich ins Wohnzimmer weiter und freut sich dort mit seinem Herrn ganz herzlich über diesen geglückten Raum. Warme Holztäfelung reicht fast bis zur Hälfte die Wand hinauf, zwei Seiten werden angefüllt von einem etwas höheren Bücherbord, vor dem ein Ruhebett zu behaglichem Lesen einlädt. Nicht minder behaglich ist der runde Tisch davor mit den drei Sesseln und gar erst die anheimelnde Kaminecke. Doch zuvor fängt sich der Blick in einem schön gerahmten Bild, das allen Sonnenglanz und alle innige Freude des Sommers zu fassen scheint. Jetzt ist es freilich von der Schreibtischlampe an der Fensterseite nur matt erhellt. Dort ist der Bewohner dieses Zauberhäuschens freilich ganz ins Schreiben vertieft, höchstens, dass er hin und wieder dem wundervollen Klang eines Radios lauscht. Daran sehen Sie, liebe Lix, dass dies Märchen modern ist. Und verrate ich Ihnen noch, dass eben dieser Bewohner ich bin, dann müssen Sie auch glauben, dass das Märchen wahr ist. Ja, ich hause und herrsche hier, führe ich doch seit mehr als einer Woche selbst eine Batterie, darf sie aufbauen nach meinen Plänen und für sie sorgen. Das ist schon herrlich, und ich bin so dankbar dafür trotz oder gerade wegen aller damit verbundenen Arbeit.
Und wo? Als ich damals in Marienfelde davonradelte, fuhr ich auf eben jener Straße, die nun auch, freilich nach etwa 20 Minuten Fahrt erst, zu meiner jetzigen Stellung führt. Das Häuschen, das ein wenig außerhalb der Batterie liegt, baute sich ein früherer Batteriechef; ich war schon einmal hier zu Gaste und hätte nie gedacht, jemals selbst hier zu residieren. Auch dass ich so früh schon eine Batterie bekomme, ist

ein Wunder, und ich will versuchen, die verantwortungsvolle Aufgabe recht gut zu erfüllen. – Es ist spät.

Für heute also Gute Nacht! Und herzliche Grüße!

Ihr Bert

Potsdam, den 2. Dezember 1944
Hotel Restaurant Hans Gellen
Stadtküche Festsäle Weinhandlung Terrassenrestaurant

Liebe Lix!
Dies Propagandablatt trifft zu: Ich sitze tatsächlich fürstlich in diesem Potsdamer Hotel und erwarte voller Zuversicht eine »gute Behandlung«. Gelandet bin ich hier nach komplizierter Dienstfahrt in meiner Eigenschaft als Bauoffizier. Solche Annehmlichkeiten bringt die ... nicht immer, immer Gegenteil. Doch umso dankbarer freu ich mich darüber. Nur wäre eben geteilte Freude doppelte Freude! Als Sie damals hier waren, kannte ich diesen Zauberplatz noch nicht. Vielleicht kann ich meine Schwester einmal hierher führen, wenn sie ihren Plan wahrmacht und zur Weihnachtszeit mich hier besucht. Freilich steht uns – zum wievielten Male? – wieder ein Wechsel bevor, diesmal aber der gesamten Dienststelle. Spruchreif wird die Sache erst heute Abend, es gilt also, noch abzuwarten. Und sonst? Der Arbeit ist viel. Krank war ich auch ein bisschen. Das heißt, mein Abteilungskommandant hatte mich ins Bett gesteckt, weil ich sehr erkältet aussähe. Eigentlich war es herrlich, einmal so auszuruhen. So ganz ruhig war es freilich nicht, denn meine zahlreichen Abteilungen hatten doch hin und wieder Fragen. Vor allem kam der Arzt, mit dem ich befreundet bin, öfter zu mir – zur Unterhaltung! Modernes Verfahren, nicht wahr? Ein Flasche französischen Rotweins, die der dicke Oberzahlmeister für Glühwein mir zugedacht hatte, hab ich listig für die Weihnachtstage aufgehoben. Recht ersprießlich also war diese Zeit. Nur leider eben nicht für meine »schriftstellerische Tätigkeit«. Sie hatten schon recht, wenn Sie böse taten. So manche Ungnade hab ich mir da schon zugezogen. Doch ist es ja sogar noch viel leichter, eingesammelt (?) zu lesen als eingesammelt zu schreiben. Über Ihre so unvermutet aufgetauchte Freizeit freue ich mich herzlich mit. Und ebenso danke ich Ihnen dafür, dass Sie mich so an Ihren Erlebnis-

sen teilhaben lassen. Wie werden Sie den 1. Advent verbringen? Sehr viel Freude wünscht Ihnen allen dazu und grüßt Sie herzlichst!
  Ihr Bert

3. Advent 1944
Liebe Lix!
Meine herzlichsten Grüße und Wünsche sollen Sie zu Ihrem Geburtstage erreichen. Zu gerne hätte ich eine Kleinigkeit geschickt, Ihnen eine Freude zu machen, aber nicht einmal das ist möglich in dem Trubel, der hier herrscht. Erst sollten wir nämlich innerhalb der näheren Umgebung eine neue Stellung beziehen, jetzt aber geht es endgültig weiter fort. Wir scheinen doch ausersehen zu sein, den Krieg zu entscheiden. Ich selbst hätte nie gedacht, was alles es in einem solchen Falle abzuwickeln gibt, und mich mit meinen vielen ...? Packt es da besonders. Doch was ich auch darüber denke, meinen Leuten will ich Frohsinn und Tatkraft erhalten. Das Schwesterlein wird versuchen, doch noch schnell herzukommen. Ich hab mir reichlich überlegt, ob es richtig ist, ihr diese Anstrengung zuzumuten, doch wer weiß, wohin man uns verfrachtet. Es ließ sich alles so gut an, ich hatte sogar einen schönen Weihnachtsbaum besorgt bekommen. Na hoffentlich können wir doch noch einige schöne Stunden zusammen sein.

Da ist bei Ihnen zum Glück alles einfacher, und es ist sehr schön, sich vorzustellen, dass Sie das Fest zusammen verleben können. Ich werde in Gedanken dabei sein und wünsche Ihnen schon jetzt rechte Freude dafür. Und sollte doch nicht Zeit dazu bleiben, gebe ich auch gleich meine besten und herzlichsten Neujahrswünsche für Sie alle mit.

Bleiben Sie recht gesund und behütet!
Ihr Bert

Simmer möchte Puti nicht mit seinen täglichen Kriegserlebnissen belasten; die Briefe der ersten Monate des Jahres 1945 lassen ahnen, wie schwer dieses Vorhaben durchzuhalten ist.

Weiterstadt, den 3.1.1945
Liebe Lix,
wer weiß, wann meine erste Nachricht Sie erreicht. Diesen Brief will ich einem Kurier nach Berlin mitgeben. Daher vertrau ich ihm nochmals meine besten und herzlichsten Wünsche fürs neue Jahr an. Mögen Sie alle weiterhin gesund und zusammen bleiben. Alles andere wird sich finden, wie es bestimmt ist.
Ob bei Ihnen das Fest still und harmonisch war wie immer? Ich verbrachte den Heiligen Abend auf dem Versandbahnhof im Transportwagen, zum Glück noch mit meiner Schwester, die genau so wenig wie unsere treuen Arbeitsmaiden die Strapazen scheute und uns begleitet hatte. Die Fahrt war seltsam genug, und erst nach acht Tagen landeten wir halbwegs dort, wohin wir fürs Erste nun gehören. Die Lage gerade in meinem Aufgabengebiet (Kraftfahrzeuge, Bau) ist schier trostlos, umso schöner zum Glück mein Quartier, das ich Ihnen demnächst schildere, und unverändert gut meine Stimmung. In ruhigen Lagen ruhig zu bleiben ist ja auch keine Kunst.
Weiterstadt ist ein größeres Dorf nordöstlich Darmstadts. Die Menschen sind hilfsbereit, gut und freundlich. Ich versteh mich gut mit ihnen, doch auch davon bald einmal mehr.
Und nun nochmals herzliche Grüße und allerbeste Wünsche!
Ihr Bert

Aus Dresden schrieb Simmer am 11. Februar 1945:

Liebe Lix!
Ja, so geht es. In der kritischsten Zeit ermöglicht mir eine Dienstreise nach Görlitz eine kurze schöne Zeit in der Heimat. Sie will ich nützen, Ihnen allen recht herzliche Grüße zu senden. Denn von dort unten dringt wohl spärlich etwas durch. Bleiben Sie recht behütet, was immer auch komme. Und bleiben Sie weiterhin zusammen, das war bisher ein so schönes Gefühl, wenn ich ans ferne Schleswig dachte. Ob wir im Westen bleiben, ist nicht sicher. Bei meiner Abreise lag ein Befehl zur Vorbereitung in anderer Richtung vor. Doch es ist öfters schon so gewesen und dann geändert worden. Es bleibt also, wie immer beim Militär, abzuwarten, was aus uns wird. Die Dresdner sind recht unruhig geworden, ich hoffe sehr, zu unrecht. »Unsere« Schule ist Lazarett, meine alte Schule, das Wettiner Gymnasium, ist von Bomben getroffen. Zum Glück ist das eigentliche Dresden noch unversehrt. Möge es so bleiben. Bald fährt der Zug.
Ich verabschiede mich also für heute. Seien Sie nochmals herzlich gegrüßt!
Ihr Bert

In der Nacht vom 13. auf den 14. Februar wurde Dresden das Ziel angloamerikanischer Luftangriffe. Und noch einmal schrieb er im Februar 1945, am 25.2. – abgestempelt in Berlin am 28.02.1945 um 11 Uhr:

Liebe Lix!
Es ist schon eine dunkle Zeit jetzt. Im Augenblick, da wir aus dem Westen verlegt wurden, war ja unser schönes Dresden das Ziel furchtbarer Angriffe. Die Stadt, die uns so lieb war, ist nicht mehr. Das weiß ich nach den Zeugnissen vieler unserer Fahrer, die dort hindurchkamen, sicher. Den Sonntag vorher ermöglichte mir ja eine glückliche Fügung noch, dort zu sein und ganz bewusst noch einmal alles scheinbar Unvergängliche zu sehen. Es ist hier nicht der Platz, Ihnen zu sagen, was alles ich nunmehr empfinde. Und dabei immer noch die Sorge um das Schwesterlein und unsere Breslauer Flüchtlinge, über die ich trotz allem Bemühen noch gar nichts erfahren konnte. Wie viele liebe Menschen werden wir nicht mehr sehen, die dieser unsinnigen Zerstörung zum Opfer fielen. Ach Lix, es ist schon nicht einfach, in einer sinnlos gewordenen Welt zu wirken. Und doch, bei mir hat sich seither noch alles zum Guten gewandt, auch was zunächst noch so schlimm und ausweglos schien. Es wird auch weiter so sein, das glaube ich gewiss. Und was Ihrer aller Schicksal anlangt, bin ich derselben Überzeugung. Mag dem guten Schleswig der Dornröschenschlaf so lange wie möglich beschieden sein. Und nach sehr schweren Zeiten, die unser noch warten, wird einmal alles wieder gut werden und sich so fügen, wie es zu unserem Besten ist. Das klingt wohl nach Fatalismus, aber nennen Sie es für mich nur gläubiges Vertrauen. Sehen Sie, Lix, was soll man heute von sich aus bestimmen, wo eingreifen. Es vollzieht sich ja alles so schicksalhaft. – Wir ziehen also jetzt gegen den Russen. Wie mögen da die Nachrichten durchkommen? – Eben wird Konitz im Wehrmachtsbericht erwähnt. Vielleicht können wir gar die Heimat Ihres Vaters verteidigen. Wahrscheinlich kommen wir aber mehr in die südlichen Abschnitte. Genaues

weiß ich ja nicht und darf es ja auch nicht sagen. Und nun, liebe Lix, verabschiede ich mich für heute. Dieser Brief wird Sie verhältnismäßig schnell erreichen und mit ihm meine allerherzlichsten Grüße und Wünsche an Sie alle. Bleiben Sie recht behütet!
    Ihr Bert

Es sollte der letzte Brief sein.

Der Krieg ging zu Ende. Puti wartete und dachte weiter an Simmer. Als ihr ein junger Mann in Schleswig einen Heiratsantrag machte, das war kurz nach dem Krieg, da sagte sie ihm, sie müsse auf Simmer warten. Sie müsse auf ihn warten – das war ihre Art zu sagen, dass sie sich nach ihm sehnte, dass sie auf ihn wartete, dass sie sich ein Leben mit ihm vorstellte. Sie sagte es nicht – nicht im Herbst 1945, nicht im Dezember 2006.

Am 7. Oktober 1945 schrieb sie in ihr Tagebuch:

»*Von Siegfried B. habe ich inzwischen durch die Mutter gehört, er liegt verwundet im Amerikanischen. Dagegen fehlt natürlich jede Nachricht von Bert oder seiner Schwester.*«

Dies ist der letzte Eintrag im Tagebuch. Warum ist es »natürlich«, dass jede Nachricht von Simmer fehlt? Was ist überhaupt daran natürlich, dass so viele im Krieg verschollen waren, dass von so vielen jede Nachricht über ihren Verbleib fehlte? Bedeutete »natürlich« für sie, es konnte gar nicht anders sein, alles andere wäre außergewöhnlich gewesen, ein Traum, den sie lieber nicht träumen wollte, nur nicht zu viel hoffen, die Enttäuschung könnte zu groß, zu übermächtig sein. Heißt »natürlich«, so geht es unzähligen wartenden Frauen, also auch ihr? Heißt »natürlich«, es kann jetzt nach dem Krieg nichts Gutes geben, es ist besser, alles Schlechte vorwegzunehmen? So kenne ich sie auch später, nie zu viel hoffen, immer ein wenig gebremst, nicht zu euphorisch sein, klopfe an Holz, wer weiß, was noch alles passieren wird.

Zwischen den Tagebuchseiten liegt ein Brief, den sie im Oktober 1946 an einen Freund schrieb:

»*Ach jetzt müsstest Du mich schlagen! Wie Du es so oft angedroht hast. Und ich könnte es bald selbst tun, so grässlich komme ich mir vor. Warum habe ich nur wieder nicht reden können, dass ich nun zu diesem dummen Briefbogen greifen muss? Warum ich so rasch aufbrach, das glaube ich, muss ich ein bissel zu klären versuchen; denn ich weiß wohl, es muss sehr merkwürdig und blöd gewesen sein. Aber ich konnte mit* einem Male nicht länger bleiben ... Gestern wurde plötzlich wieder die Erinnerung ganz stark an den Freund, weißt Du, der seit Frühjahr 45 an der Ostfront verschollen ist. Nun muss ich wohl zu erklären versuchen, warum ich Albert Simmer nicht vergessen kann. In den vergangenen Jahren war ich, seit ich einmal Jungmädelführerin hatte werden sollen, immer furchtbar gehemmt, nie richtig frei, weil ich mir immer sagte: Du gehörst nicht in diese Gemeinschaft, oder wie würden sich diese oder jene Menschen benehmen, wüssten sie um deine Abstammung? Brix hat das nicht so stark, aber doch auch ähnlich. Und Simmer war nun der Einzige, dem ich einmal davon gesprochen habe, es war ein sonniger Tag in Potsdam. Und am wunderbarsten fand ich, dass ihn die Dinge, die mir so feindlich schienen, kein bisschen bedrückten. Weil ich nun halt immer noch hoffe, dass mal eine Nachricht von ihm kommt, darum bin ich gerade jetzt so betrübt und unglücklich, weil ich eben wieder einmal nicht weiß, was ich tun soll.«

Hier bricht der Brief ab, auf dem Bogen ist noch viel Platz, ein zweiter leerer Bogen liegt dabei. Der Brief wurde nie abgeschickt.

An diesem sonnigen Tag in Potsdam im Jahr 1943 etwas über die Abstammung zu sagen, ein Geheimnis preiszugeben, der Vater Halbjude, die Geschwister und sie Vierteljuden, das war etwas Ungeheuerliches. Das Schweigen darüber war ihr zur zweiten Natur geworden. Im Park von Sanssouci hatte sie es gebrochen. Er hatte sich nicht zurückgezogen. Das öffnete ihr das Herz. Deshalb wartete sie auf ihn.

Puti wollte etwas über den Verbleib von Simmer herausfinden. Sie schrieb an die Schwester; die Schwester antwortete nicht sogleich. Puti schrieb erneut. Ich finde einen Brief von Adele Simmer, der Schwester:

Dresden, 17. Juli 1946
Meine liebe Anneliese!
Ihren lb. Brief habe ich heute erhalten und fühle mich sehr schuldbewusst, denn leider liegt es nicht an der Post, sondern an meiner Saumseligkeit. Seien Sie mir bitte nicht böse. Etwa 14 Tage hatte ich eine liebe Freundin bei mir und dann war ich fast eine Woche in Schlesien. Krank bin ich also nicht, wenngleich ich mir oftmals wünschte, ich wäre schon gar nicht mehr auf dieser Erde.
Das Geburtsdatum meines Bruders ist 21.12.06, zuletzt war er in Groß-Drewitz bei Guben. Den letzten Brief erhielt ich datiert vom 17.4.45. Es ist so furchtbar und meine Hoffnung wird von Tag zu Tag kleiner. Meine Tante in Düsseldorf hat sich auch schon ans Rote Kreuz gewandt. Wenn Sie es trotzdem von sich aus auch tun wollen, so überlass ich es Ihnen. Vielleicht können Sie durch das Hamburger R.K. mehr erfahren. Wann wird nur in dieses schreckliche Dunkel ein rechtes Licht kommen? Und dazu nun noch so unaufrichtige Menschen in meiner Wohnung, die nur immer auf sich bedacht sind. Hoffentlich geht auch das einmal vorüber, dass ich nicht mein ganzes Leben mit ihnen zusammen sein muss.

Erst ist sie saumselig, dann antwortet sie und schreibt nur das Allernötigste über ihren Bruder. Was hat er ihr in seinem letzten Brief geschrieben? Wenige Tage vor Kriegsende. Hat sie überhaupt die Suche eingeleitet, oder hat sie das der Tante in Düsseldorf überlassen? Stattdessen wendet sie sich mit einer Bitte an Puti:

Nun habe ich einmal eine ganz unbescheidene Frage. Gibt es bei Ihnen noch Strick- oder Häkelnadeln zu kaufen? Wenn ja, dann wäre ich Ihnen sehr dankbar, wenn Sie mir mal welche besorgen könnten und vielleicht als eingeschriebenen Brief herschickten. Ich vergüte Ihnen gern alle Auslagen. In unserer zerstörten Stadt gibt es ja nichts mehr und alle meine Bekannten sind ja zum größten Teil auch ausgebombt, so dass ich mich nicht an sie wenden kann.

Seien Sie mir bitte nicht böse, wenn ich jetzt ein wenig unvermittelt schließe, aber ich habe mich eben zu sehr über meine Leute geärgert. Ich hab so gute Eltern und einen so lieben guten Bruder gehabt. Ich habe bisher nicht gewusst, was Niederträchtigkeit und schmutziger Charakter ist – und dazu so allein.

Lassen Sie bitte bald wieder einmal von sich hören und seien Sie sowie Ihre lb. Angehörigen herzlich gegrüßt von
Ihrer Adele Simmer

Sie sagt, sie habe einen so lieben guten Bruder gehabt. Sie rechnet nicht mehr damit, ihn lebend wiederzusehen. Sie ist völlig deprimiert und bedürftig. Da sich nun weder ihr Bruder noch ihre Eltern mehr um sie kümmern können, bittet sie Puti um ihre Hilfe. Sie selbst kann weder für sich gut sorgen, noch kann sie etwas für andere tun. Puti tut mir Leid, jetzt muss sie auch noch Stricknadeln auftreiben und als Einschreiben nach Dresden schicken! Auch Puti ist in ihrem Kummer allein.

Auch im dritten Jahr nach dem Ende des Krieges hat Puti noch keine Nachricht von ihm.

Ein schreibmaschinenbeschriebenes Blatt findet sich zwischen den Briefen, datiert vom Sonntag, 6. Oktober 1947. Es ist das letzte Dokument dieser Oktobertrilogie. Puti verfasste die Zeilen nach einem erneuten Treffen mit dem Schleswiger Freund, bei dem er wohl wieder ernste Absichten zeigte. Sie hingegen will und kann sich nicht auf ihn einlassen. Sie schreibt allerlei über ihn, darüber, dass er für sie nicht der Richtige ist und dann erwähnt sie am Ende ihrer Aufzeichnungen wieder IHN:

»*Dass mein Herz immer noch an Alberto hängt, hat ihn wohl erschüttert oder betrübt, aber trotz alledem hat er die Hoffnung, mich doch letzten Endes für sich zu gewinnen.*«

Das war der letzte Ausdruck einer schwindenden Hoffnung, den ich finde.

Irgendwann nach dem Krieg gab es dann einen anderen Brief. Wann kam die Nachricht? Immerhin hatte sie im Oktober 1947 immer noch gewartet. Im Jahr 1948 heiratete sie. Im Dezember 2006 erinnert sich Puti nicht mehr, wer ihr den Brief schrieb. War es die Schwester oder war es Helga, die Klassenkameradin aus Sextanerzeit, die den Kollegen von Simmer geheiratet hatte? Der Absender oder Überbringer der Nachricht war nicht so bedeutsam. Jedenfalls erhielt Puti die Nachricht von Simmers Tod, erschossen von der Roten Armee. Mehr erfuhr sie nicht.

Ihrem Tagebuch vertraut Puti an, »*Simmer habe in Potsdam so herrlich viel geredet*«. In einem Brief an die Eltern wiederholt sich das fast wörtlich. Was sie verschweigt, ist, dass auch sie geredet hat, dass sie ein gefährliches Geheimnis preisgegeben hat, dass sie von ihrer »Abstammung« gesprochen hat. Das schreibt sie erst Jahre später in einem Brief, den sie nie abgeschickt hat, der sich zwischen den Tagebuchseiten findet. Auf dem Spaziergang durch den verdämmernden Park von Sanssouci im November 1943 sagte sie das, was sie sonst niemandem gesagt hatte. Das Bedeutsame blieb verborgen. Auch mir gegenüber in ihren Erinnerungen im Dezember 2006.

Die alte Klassenlehrerin aus der Quinta, Gertrud S., schrieb lange nach dem Krieg in einem Brief an Puti, Herr Simmer habe immer gesagt, er wolle Puti heiraten.

Fünfzig Jahre später beteiligte sich Puti an einer Aktion des Verbands der Kriegsopfer und ihrer Angehörigen. Über den VdK ließ sie einen Gedenkbaum für Albert Simmer pflanzen. Das war zehn Jahre vor ihrem Tod. Sie war bereits seit acht Jahren verwitwet.

Volksbund Deutsche Kriegsgräberfürsorge e.V.
Kassel, 11.01.1999
Sehr geehrte Frau Schmidt,
herzlichen Dank für Ihr Interesse an einer Baumpatenschaft in Nadolice Wielkie (Nädlingen) in Polen. Wir haben gern einen Baum für Sie reserviert. Ihrem Wunsch entsprechend werden Ihre Gedanken zur Baumspende wie folgt abgedruckt:
In Erinnerung an meinen Mathematiklehrer Albert Simmer (geb. 21.12.1908, von Russen erschossen im Mai nach der Kapitulation).
Anneliese Schmidt
Bitte überprüfen Sie Ihren Textwunsch und teilen Sie uns eventuelle Fehler oder Änderungswünsche innerhalb der nächsten 14 Tage mit.
Wir danken Ihnen für Ihre Bereitschaft, unsere »Friedensparkidee« zu unterstützen.
Mit freundlichen Grüßen
i. A Marlene Will

An den Rand hat Puti ihre Änderungswünsche mit Bleistift geschrieben: 1906 und 9.5.45

In einem Umschlag finde ich eine Urkunde vom VdK über den gespendeten Baum vom Februar 1999: *Patenschaft Nr. 22/C Anneliese Schmidt*
»... ist Pate für diesen Friedensbaum. Dieser Baum ist ein Symbol des Gedenkens an alle Opfer von Krieg und Gewaltherrschaft. Möge der Wille der Menschen zum Frieden gleichermaßen wachsen wie dieser Baum.«

Vergeblich suche ich nach einem Foto von Simmer.

EIN KISTCHEN VOLLER MIMOSEN

Mit Briefen und Päckchen schaffen sie Verbindungen. Sie packen Päckchen für Kinder und Enkel. Meine Mutter und meine Großmutter. Jahr für Jahr beginnen sie im Oktober, Geschenkelisten zu schreiben, Geschenke zu besorgen, Päckchen zu packen. Damit rechtzeitig zu Weihnachten alles da sei, auch in Israel, auch in Übersee. Das Päckchen nach Israel geht jedes Jahr an Herrn Seidmann.

Familie Seidmann lebte in Breslau. In den dreißiger Jahren. Die Mutter war ein Kind; sie kannte die Seidmanns nicht. Auch die Großmutter kannte sie nicht. Herr Seidmann war ein Geschäftsfreund des Vaters, meines Großvaters. Er hatte in Breslau ein Porzellangeschäft und war Kunde der Porzellanmanufaktur Tielsch. Der Großvater verkaufte ihm Ware. Er wusste, Herr Seidmann war Jude.

Herr Seidmann bemühte sich früh um die Ausreise nach Palästina. War es 1936 oder 1937? Genau weiß die Mutter, die ja noch fast ein Kind war, es nicht mehr. Die Ausreise gelang. Mein Großvater half beim Geldtransfer. Als Dank kam im folgenden Jahr eine Kiste mit Apfelsinen bei der Familie in Dresden an.

Ein Jahr später, erinnert sich die Mutter, schickten Seidmanns ein Kistchen duftender Mimosen aus Palästina. Das war noch vor dem Krieg. Im Krieg schickte Herr Seidmann über eine Verbindung in Dänemark ein Säckchen Mehl.

Ich frage mich, warum über Dänemark. Dänemark war von der deutschen Wehrmacht besetzt. Ich habe vergessen, es zu fragen. Die Kostbarkeit der Geschenke hat mich in ihren Bann gezogen. Ich spüre den kräftigen Duft der Apfelsinen und den zarten Hauch der Mimosen.

Nach Kriegsende kam Wollstoff, ein kräftiger, guter, wehrmachtsgrüner Wollstoff.

Warum wehrmachtsgrün? Warum die Farbe der Täter für die Geschenke der Opfer? Aus dem Stoff nähten sie eine Hose für den Kleinen.

Im Nachkriegsdeutschland, in den fünfziger Jahren, als Wiedergutmachung und Entschädigung anliefen, bezahlte die junge Bundesrepublik Deutschland Kuraufenthalte für Juden, die Deutschland hatten verlassen müssen.

Das Ehepaar Seidmann fuhr nach Bad Nauheim. Die Großeltern trafen sie dort. Der Großvater konnte sich nicht mehr erinnern. Er erkannte den Porzellanhändler aus Breslau nicht mehr wieder. Er war dement geworden. Die Großmutter lernte den Absender von Apfelsinen, Mimosen und Wollstoff jetzt erst kennen.

Der Anhänger, den ihr das Ehepaar Seidmann mitbrachte – den meine Mutter erbte und den sie mir zeigt –, ist silbern mit blauem Glas.

STUDIENPLÄNE – BERUFSPLÄNE – LEBENSPLANUNG

Am 5.3.1939 gratulierte die Großmutter zum Abitur:

Meine liebe Puti!
Zu dem so großartigen bestandenen Examen nimm meine herzlichsten Glückwünsche an, eigentlich habe ich's mir gar nicht anders gedacht, denn wer mit geistig und körperlichen Gaben so bedacht ist wie Du, und dazu noch dein Fleiß, der muss das erstrebte Ziel glänzend erreichen, und so wird es Dir immer ergehen, der Erfolg wird Dir stets sicher sein. Herzlich haben wir uns mit Dir und Eltern mitgefreut, die gewiss nicht wenig stolz auf ihre Tochter sind. Nun kannst Du Dich doch noch bis zum Antritt deines Amts ausruhen, und die schöne Reise nach Wien ist eine feine Belohnung für die immerhin angestrengte Arbeitszeit ...
Mit den herzlichsten Grüßen an Dich und nochmals vielen Dank für deinen lieben Brief
die Okma

Und auch den Eltern gratulierte die Großmutter väterlicherseits entsprechend:

Meine Lieben!
Meine herzlichsten Glückwünsche zu Putis so hervorragendem Examen. Aber wie ich schon an Puti schrieb, anderes habe ich mir bei ihr gar nicht gedacht. Gefreut haben wir uns natürlich sehr, und den Stolz der Eltern kann ich mir vorstellen. So ist der erste Schritt ins Leben getan, und die anderen Erfolge werden bei Puti nicht ausbleiben, davon bin ich überzeugt. Für deinen lieben Brief, liebe Lore, herzlichen Dank ...
Mit den herzlichsten Grüßen an euch und die Kinder
die Okma

Einmal sagte meine Mutter mir – da war sie auch schon über 80 –, so wie die Gräfin Dönhoff, so hätte sie es auch gerne gemacht, nach dem Krieg ein Studium aufgenommen, das Ziel verfolgt, ohne Wenn und Aber. Und sie ergänzte, sie sei leider nicht so willensstark gewesen wie Marion Gräfin Dönhoff.

Nach dem Abitur ging sie zunächst zu entfernten Verwandten auf ein Gut in Pommern, um ihr Pflichtjahr zu absolvieren. Den Beginn des Zweiten Weltkriegs erlebte sie dort. Nach dem Pflichtjahr im Frühsommer 1940 zog Puti nach Schleswig, wo ihre die Eltern bereits waren, und begann dort eine Banklehre.

Sie hatte Pläne, die über die Bank hinausgingen. Doch welche Pläne waren es? Sie sprach kaum darüber. Was sagen die Aufzeichnungen, was erzählen die Briefe? Ihr Partner aus der Fähnrichtanzstunde, mittlerweile fernab im Kriegsgeschehen, gibt Ratschläge. Aber worauf bezieht er sich? Was hat sie ihm von ihren Plänen geschrieben? Ich tappe im Dunkeln, wenn ich die Zeilen von ihm lese:

7.6.41 ...
Herzlichen Dank für deine Briefe, die nach monatelanger Verzögerung teils jetzt eintrafen. Ich freue mich immer sehr darüber. Schick doch mal bitte ein neues Bild von Dir mit, damit ich sehe, ob Du Dich verändert hast. Wie bist Du jetzt mit deiner Arbeit auf der Bank zufrieden? Vermisst Du die Großstadt, wie Du sie in Dresden hattest? – Ich weiß nicht, ob Du als Blitzmädel zufrieden sein würdest. Du kannst Glück haben und ins Ausland, z. B. nach Paris, kommen. Oder Pech und Du sitzt irgendwo in Deutschland, was sehr schwer sein kann. Vielleicht musst Du auch erwägen, dass Du deine jetzige Arbeit unterbrichst. Aber ich möchte Dich nicht beeinflussen.

Blitzmädel, das war ein Synonym für Wehrmachtshelferin[8]. War das ihr Traum von einem anderen Leben? Ihr Traum von der großen weiten Welt?

Am 15.12.41 schreibt Hannelore, eine ehemalige Schulfreundin aus Berlin:

Meine liebe Puti!
Herzlich danke ich Dir für deinen vor sooo langer Zeit erschienen Brief, und es tut mir herzlich leid, dass ich auf deine Fragen nur ungenügend Auskunft geben kann. Soviel ich hörte, soll das Lettehaus als Sprachenschule gut sein. Man kann da direkt im Fremdsprachenheim wohnen. Von einer Mitmieterin zog ich Erkundigungen über Leipzig ein. Dieses Mädel war bei Nagel gewesen und hatte unendlich viel gelernt, obwohl es menschlich nicht besonders nett sein soll. Bei Bach soll es umgekehrt sein, menschlich nett und wenig zu lernen. Nur Gutes hätte sie über die Hamburger Sprachenschule gehört. Übrigens sagte dieses Mädel, Du solltest was ganz Ausgefallenes lernen, Japanisch oder Chinesisch, evtl. Russisch und nur sekundär Englisch und Französisch. Ich bin gespannt, was Du unternimmst. Wage viel, liebe Puti, Du kannst und schaffst es und dann bist Du ganz groß!!! Während ich mein Leben lang ein verhältnismäßig kleines Gehalt haben werde. Die Wirtschaft und Industrie dagegen zahlt blendend. Z. B. bekommen Metallographinnen, die eine genauso lange Ausbildung haben wie wir, als Anfangsgehalt 290 Mark, wir nur 180 Mark. Bei denen steigert sich dann das Gehalt noch enorm. Na ja, usw.

Aber nun lass Dir recht herzlich von mir zum Geburtstag gratulieren, ich wünsche Dir viel Schönes und Großes. Du bist im Kleinen groß, das hab ich an Dir immer bewundert.

Liebe Puti, nun muss ich, so leid es mir tut und so unhöflich es ist, mit Bleistift weiterschreiben, da mein Federhalter restlos kaputt ist. – Jedenfalls wünsche ich Dir weiter ein recht gutes Abschneiden bei der Prüfung. Diese Prüfung ist doch wohl sehr vorteilhaft, soweit ich das von Käthe Schulze her weiß, Du wirst die Sache schon schmeißen. Bei uns sieht es leider sehr faul aus. Ungefähr jeden Tag bekommen wir gesagt: »Und Sie wollen das Examen machen, bilden Sie sich nur nicht

ein, dass im Krieg niemand durchfällt.« *Das ist wirklich sehr ermutigend!!! Erst hab ich geheult, jetzt lache ich, und wenn es auch dadurch nicht besser wird, so macht es aber einen besseren Eindruck!*
Dir und deinen Lieben ein recht frohes Weihnachtsfest
deine Hannelore

Hannelore hat sich ernsthaft erkundigt, sie hat mehrere Freundinnen und Kolleginnen befragt. Sie ermuntert Puti so sehr, dass ich vermute, Puti hat in ihrer Frage ihr Anliegen deutlich gemacht. Und sollte sie, so wie ich sie kenne, ihr Anliegen ein wenig versteckt haben, so wusste Hannelore zwischen den Zeilen zu lesen. Puti hat sich informiert. Sie hat sich nach dem Lettehaus, einer modernen Sprachenschule, erkundigt.
Auf meiner Suche finde ich im Internet das Lette-Haus. Die Geschichte des Hauses ist Teil der Geschichte der bürgerlichen Frauenbewegung, ist Teil der Geschichte meiner Mutter: Der 1866 von Wilhelm Adolf Lette gegründete Verein, später Lette-Verein genannt, war bahnbrechend für die Förderung der Frauenerwerbstätigkeit. Bis heute kümmert er sich um moderne Berufsausbildungen von Frauen auf hohem Niveau.[9]

Der Krieg ging weiter. Puti beendete ihre Banklehre und blieb bei ihrer Bank. Dem Tagebuch vertraut sie sich an:

»Sonnabend, 20.Juni 1942
Schleswig, Westbank
2 Jahre und 2 Monate lang bin ich schon bei der Westbank. Die einzige Möglichkeit, vor Kriegsende hier fortzukommen, ist am 1.10.42. Dann muss ich in den nächsten 10 Tagen kündigen. Tu ich es oder nicht? Es ist gräulich, wenn man so unentschlossen ist. An und für sich möchte ich sehr gerne fort, aber wenn ich dann die Eltern anhöre, werde ich gleich wieder schwankend. Ganz allein in eine fremde Stadt trau ich

mich eigentlich nicht. Berlin wäre schon besser, aber das soll ich nicht. Einmal hab ich schon getan, was Mutti gern wollte, als ich aus dem Pflichtjahr kam und daheim blieb. Zuerst war ich ja auch unglücklich als Banklehrling; aber dann ging's, bis nun, da ich gar keine Aussicht auf steigende Tätigkeit habe und es todlangweilig ist ohne ordentliche Arbeit.«

»Dienstag, 23. Juni 42, Westbank
Es ist 17.45, erst in ¾ Stunde, 18.30, ist Dienstschluss, bei guter Laune des Gewaltigen hören wir schon etwas früher auf. Immerhin bleibt noch Zeit genug, sich zu langweilen. Ich übe schon täglich 10-Fingersystem auf der Schreibmaschine, das wage ich bis auf ½ Stunde auszudehnen, denn es wird natürlich nicht gerne gesehen. Ansonsten erledigen wir – gut getarnt – unsere Privatpost; doch leider nehmen sowohl die Briefschulden als auch das Papier rapide ab.
Heute hat die Kleine, die Frankfurterin, dem Chef erzählt, dass sie weg will. Da war er schon ungehalten. Wie wird's nun erst, wenn ich nun als 2. antrete und ihm meine Wünsche kundtue.
Seit Sonnabend habe ich noch ein neues Projekt angeregt durch ein Gespräch mit Gisela, »der besten«. Studium der Volkswirtschaft in Kiel. Ich möchte es sehr gern. Nur bin ich mir nicht klar, ob ich es ein wenig aus Vergnügungssucht tun möchte.«

Es tut mir weh, zu wissen: Sie tat es nicht, und sie tat es erst recht nicht aus Vergnügungssucht. Studieren aus Vergnügungssucht? Was ist das überhaupt? Es tut weh zu wissen, dass aus den Sehnsüchten nichts wurde. Doch lassen wir sie selbst zu Wort kommen:

»Ich rede mir ja ein, ich will es tun, um noch was Rechtes zu lernen und dann eine schönere, unabhängigere Stellung zu bekommen als so. Nur ist es ja unverschämt teuer, statt dass ich schon was verdiene, dann den Eltern noch erheblich Mehrkosten zu machen. Und falls ich dann doch noch heirate, dann wäre es unnötig. Aber werde ich denn heiraten? Nach dem Krieg werden die Aussichten ungleich schlechter sein für uns, besonders je älter wir werden.

Da taucht dann wieder die Frage Egon auf. Die Eltern würden ihn gern als Schwiegersohn sehen. Und sicherlich würde ich nicht schlecht fahren mit ihm. Die Liebe auf den 1. Blick gibt's ja doch nur im Roman.«

Wie leicht sich das sagt: »Die Aussichten werden ungleich schlechter sein.« Das bedeutet doch nichts anderes, als dass sie im Sommer 1942 voraussieht, dass unzählige Männer ihrer Generation im Krieg fallen werden. Sie schreibt so lapidar hin, was, wie wir wissen, bittere Wahrheit werden sollte. Und wen sollte sie möglicherweise heiraten, weil die Eltern es gerne so hätten? Ist das die Alternative zur Vergnügungssucht?

»29. Juni 42
Glücklicherweise sind obige Überlegungen betr. Egon überflüssig geworden. Seit dem 27. abends weiß ich wenigstens, was ich im Herbst tun will (falls die Westbank mich fortlässt). Der Geburtstag von Vati war überhaupt sehr harmonisch und schön. Mutti und ich gratulierten ihm schon nachts 0.12 mit je einem brennenden Licht. Nach dem Essen vergaßen wir samt und sonders, dass Krieg ist; (und sogar beinahe drei Jahre); wir spielten und tanzten nach netter Rundfunkmusik. Futterten Aachener Printen, Nüsse, Schoko und hatten zum Aufwärmen Rotweingrog. Siggi war sehr niedlich und kasperte ein wenig, bis er um ½ 10 ins Bett ging.

Anschließend an die Nachrichten wurde der Fall »Lix« erörtert, wir kamen zu folgendem Ergebnis: Frauenstudium ist nach dem Kriege wahrscheinlich wenig aussichtsreich. Es wäre also nur eine Möglichkeit, seine Zeit als ziemlich freier Mensch unterzubringen.«

Sofort denke ich an Gräfin Dönhoff. Natürlich studierte sie nach dem Krieg. Sie tat das wenig Aussichtsreiche, und sie hatte Erfolg damit. Wie groß muss der hinuntergeschluckte Neid gewesen sein, den Puti nie und niemals mit keinem einzigen Wort, mit keiner einzigen Geste, mit keinem Blick durchscheinen ließ!

»... *das aber will ich nicht. Ich hätte gern studiert, um dadurch eine schönere, unabhängigere Stellung zu erwerben, aber nicht nur, um mich im Augenblick vor irgendwelchen Dingen zu drücken. Schließlich kamen wir auf meinen ursprünglichen Wunsch, die Fremdsprachen, und da hatte Mutti die herrliche Idee, dass sie ans Lettehaus dachte. Nun habe ich erst einmal dorthin geschrieben. Es ist herrlich, dass die gräuliche Ungewissheit vorläufig ein Ende hat. Hoffentlich kann mich das Lettehaus noch aufnehmen im Herbst.*«

Ich verstehe das nicht. Hatte sie sich nicht ein gutes Jahr zuvor bereits nach dem Lettehaus erkundigt? Bei Hannelore, der Schulfreundin? Nun ist es nicht mehr sie selbst, die diese Idee hat, sondern ihre Mutter. Warum sagt sie, dass Mutti diese herrliche Idee hatte; vergisst sie sogar im Tagebuch ihre eigene Idee. Niemals erzählte sie später vom Lettehaus. Was hat sie da ihr Leben lang verschwiegen? Uns hat sie immer gesagt, sie habe »wegen der Abstammung« nicht studieren dürfen. Welche Geschichte steckt hinter der erzählten Geschichte? War es zu schmerzhaft, die ganze Geschichte zu erzählen? Kein Wort wusste ich von diesen Schwankungen, von den Plänen, die nie wahr wurden, von den Eltern, die dieses nicht und jenes doch erlaubten.

Am 20.12.1942 schrieb der Patenonkel aus Treuenbrietzen:

Mein lieber Konrad und liebe Lix!
Dieser Brief ist in erster Linie an Dich, liebe Lix, gerichtet, denn dein Geburtstag steht ja vor der Türe. Du weißt, wie lange ich Dich kenne,

ich war schon dabei, als Du in der Gedächtniskirche das Sakrament der Taufe erhieltst, also Du kannst sicher sein, dass Dich meine allerbesten Glückwünsche begleiten, wenn Du das neue Jahr deines Lebens beginnst. Das Schreckliche ist ja nun aber, ich habe nichts, womit ich Dich erfreuen könnte.

In vieler Beziehung darf man Dich gewiss beglückwünschen, dass Du in diesen tollen Kriegsjahren bei den heimischen Penaten bleiben kannst. Wenn es Dir gar zu langstielig werden sollte, so blieben doch eigentlich nur 2 Auswege, die außerhalb meiner Macht liegen, die ich aber bei einigen jungen Damen (wir haben ja 5–6 Schreiberinnen) mit angesehen habe:

1. Dienstverpflichtung woanders hin,
2. das eventuell große Los in Gestalt einer Eheschließung.

Quod deus bene vertat, wo man aber ja dem Schicksal nicht in die Räder greifen kann. (...)
Dein alter Onkel

Die Penaten: die privaten Schutzgötter eines Haushalts – waren sie ein Schutz oder ein Fluch oder beides? Quod deus bene vertat: Was Gott zum Guten wenden möge! Ist das die berufliche Zukunft: das große Los der Eheschließung? Die Überlegungen jenseits des großen Loses gingen weiter.

Vom 4.1.1943 lese ich einen Brief von Walter H, in dem er sich auf eine Bitte der Mutter bezieht, ob er für Puti eine Tätigkeit als Gutssekretärin finden könne.

Absender: Major Walter H, Rittergut Heroldshof b/Ranis, Kreis Ziegenbrück
Da Lix am 1.4. gerne als Gutssekretärin auf ein Gut möchte, will ich versuchen, etwas zu finden. Natürlich ist es immer günstiger, durch Beziehungen wohin zu können. Es muss vor allem ein Gut sein, wo sie

auch Familienanschluss hat, denn auf den ganz großen Besitzungen wie bei Graf Douglas und Anja Bodenkamm u. s. w. sind die Hauptmahlzeiten ohne Angestellte. Aber ich will zuerst mal an meine Base v. Schöning schreiben, die ein großes Gut bei Stargard i/P haben. – Drei Brüder haben drei große Güter, wo Else und ich auch zu Besuch waren (...) Es ist ein reizendes Familienleben mit Hauslehrer u. s. w. – Gefangene hatten sie über 80 Mann allein. – Nun könnte es ja sein, dass sie selbst oder Verwandte und Bekannte eine Gutssekretärin benötigten! Dann kommt Schlesien in Betracht, wo ich gerade Anfang Februar hinkomme. Auch dort kenne ich viele Güter, dann habe ich Freunde bei Krakau, wo wir auch waren und prachtvolle Tierzucht ist. – Auch könnte ich Curt von Selch später evtl. fragen, denn seine Frau stammt vom Schloss Rantzau b/Plön, und haben sie und die Gräfin Baudessin viele Beziehungen (ihre Mutter).

Natürlich kann ich niemals dafür aufkommen, ob Lix der evtl. Posten zusagt, denn überall gibt es gute und schlechte Seiten. Jedenfalls bin ich in der Lage, da ich Lix kenne, selbst mein Urteil abgeben zu können, was natürlich dem Besitzer schon von großem Wert ist! Auch ist es auf vielen Gütern jetzt im Kriege so eingerichtet, dass die Gutssekretärin und Gärtnerin unter Umständen manches sonst noch mit besorgen muss. Ich setze voraus, dass Lix dies auch tun würde!

Nun, man muss mal sehen. Da ich morgen 3 Tage zum Major B auf das Gut in U fahre, will ich Dir noch schnell antworten. (...)

Alle grüßen. – Gute Besserung. – Immer Euer getreuer Walter

Welche Rolle spielen die Kriegszeiten? Januar 1943? Planungen für das Frühjahr 1943? Auf einem Gut im Osten? Warum auf ein Gut? Warum diese Tätigkeit? Warum in Kriegszeiten so weit weg? Wollte sie so weit weg? Was versprach sie sich davon? Waren es die Pläne der Mutter oder ihre eigenen?

In Putis Tagebuch lese ich:

»Nov. 1943. Aus dem schönen Plan mit dem Lettehaus ist natürlich nichts geworden.«

Was ist »natürlich« an dem nicht Realisierten und nicht Realisierbaren? Wo bleibt ein Wort des Bedauerns, wo bleibt die Wut? In dem »natürlich« steckt so viel Bitternis, so viel Enttäuschung, aber auch ein Fünkchen Revolte, ein Fünkchen davon, dass es eigentlich so gar nicht natürlich ist, was da mit ihr und in ihrem Leben passiert. Es ist so unnatürlich, dass ein junges Mädchen eine erstklassige Bildung bis zum Abitur erhält, dass dann aber Schluss ist, Schluss aus vielerlei Gründen, Schluss, weil sie eine Frau ist, Schluss, weil sie das Abiturzeugnis fünf Wochen vor dem deutschen Überfall auf Polen in den Händen hielt und ihr dann der grauenvolle Zweite Weltkrieg einen Strich durch alle möglichen Rechnungen machte; Schluss auch, weil es einen Fehler in ihrer »Abstammung« gibt, ein kleiner Fehler, der falsche Großvater, der nichtarische Großvater, da kann die Enkelin nach dem Buchstaben der nationalsozialistischen »Rassegesetze« »natürlich« nicht mit einem Recht auf einen Studienplatz rechnen.

»Denn im Herbst 42 ließ mich der Chef nicht fort und dann im Frühjahr 43 musste ich befürchten, bei dem Fraueneinsatz (totaler Krieg) irgendwohin gesteckt zu werden, wo ich nicht hin möchte (Munitionsfabrik etwa).
Im April 1943 wurden 3 Provinzbanken zusammengelegt. Zum Glück behielt die gute Westbank die Vorherrschaft. Anfangs gab's ganz fürchterlich viel Arbeit, oft saßen wir abends bis 10, halb 11. Man hat kaum noch Zeit für sich selbst. Pläne mache ich immer die Fülle; doch dann fehlt außer der Zeit auch der Wille, etwas durchzuführen. Sehr leid tat mir, als Anfang September auch Herr Nielsen, mein Gönner, eingezogen wurde. Seitdem lässt die Ordnung und Tradition im Betrieb erheblich

nach. Manchmal finde ich auch schon ein Haar darin, nun etwas aufgerückt zu sein. Vor allem, wenn ich in meiner Eigenschaft als Leiterin der Grundbuchhaltung die kleinen Lehrlinge ausschimpfen und zu größerem Fleiß antreiben müsste. Im Allgemeinen macht es natürlich Spaß, einen etwas gehobeneren Posten zu haben. Und hoffentlich muss es nicht mehr allzu lange dauern, dass der Krieg bald einmal ein Ende haben möge!«

Aus allen Plänen ist »natürlich« nichts geworden. Puti hat dann doch noch geheiratet, mit 27 und einem halben Jahr; hatte sie da schon Torschlusspanik? Und dann gehörte es sich sowieso nicht, weiterzuarbeiten; und dann war sie auch schnell schwanger, und sie hatte einen Haushalt zu führen, einen Mann zu versorgen, und dann die Kinder, erst eins, dann zwei, dann drei. Sie ging nie wieder in ein Arbeitsverhältnis. Es wäre für sie undenkbar gewesen. So, wie es war, so war es »natürlich«. Es war natürliche Bitternis.

»Noch nicht einmal ein Bett konnte sie beziehen ...!«

Lisa Dormann, so erzählte es uns unsere Großmutter, und ihre Stimme hatte einen Hauch von Entrüstung, konnte noch nicht einmal ein Bett beziehen. Sie war eine Freundin der Großmutter. Sie trafen sich regelmäßig im Kränzchen. Ihr Mann war Miteigentümer der Feldschlösschen-Brauerei in Dresden. Es waren die besseren Kreise, in denen die Dormanns verkehrten. Die Ehe der Dormanns blieb kinderlos.

1934 half Lisa Dormann der Familie der Großmutter beim Umzug nach Waldenburg. Das erinnert meine Mutter. 1935 reichte Herr Dormann die Scheidung von seiner Frau ein. Da seine Frau jüdisch war, wurde dem Antrag umgehend stattgegeben.

»*Er hätte sich nicht trennen müssen*«, kommentierte meine Mutter siebzig Jahre später.

Von Herrn Dormann wissen wir seither nichts. Der Kontakt zu Lisa Dormann blieb. Sie ging in ein Umschulungslager nach München. Das hatten jüdische Organisationen, die sich um Auswanderer kümmerten, aufgezogen. Im Lager lernte sie Schreibmaschine schreiben. Sie hatte Glück: Ihre Verwandten in den USA waren in der New Yorker Stadtverwaltung tätig. Voraussetzung für das Visum zur Einreise in die USA waren der Nachweis der Arbeitsfähigkeit und gute Sprachkenntnisse. Was so vielen verwehrt blieb, Lisa erreichte es: Die Erlaubnis zur Einreise in die Vereinigten Staaten. Sie hatte doppeltes Glück. Im Umschulungslager lernte sie ihren zweiten Mann kennen. Er lernte dort Metzger, das brauchten die Amis. Sie heirateten noch vor der Überfahrt. Im Land der unbegrenzten Möglichkeiten schlug sie sich durch.

Meine Mutter zeigte mir die Briefe, die Lisa Dormann an ihre Freundin, meine Großmutter, schrieb. Sie erzählen von endlos langen Bürotagen, von Krankheiten im feuchten Herbst und im kalten Winter; ins Büro musste sie dennoch gehen, sie hatte Angst, sonst gefeuert zu werden. Mit Kriegsbeginn wurde es schlechter. Lisa stand nun am Fließband. Auch darüber schrieb sie regelmäßig an die Freundin in Deutschland. Als der Krieg endlich vorbei war, fand sie eine bessere Anstellung. Sie wurde eine gute Bürokraft. Nach Deutschland kam sie nie wieder zurück.

Aber ihre Freundin aus dem früheren Leben vergaß sie nicht. In den Nachkriegsjahren schickte sie Kleiderpakete an meine Großmutter. Es waren kaum getragene, gute Sachen, die reiche amerikanische Verwandte ihr gegeben hatten. Die Familie in Deutschland freute sich an der guten Qualität der Stoffe. Das war in der schlechten Zeit, wie die Großmutter die Nachkriegsjahre nannte. Bald kam das Wirtschaftswunder in die junge Bundesrepublik. Der Briefwechsel zwischen den Freundinnen ging weiter. Er währte noch fast vierzig Jahre bis zum Tod der Großmutter.

DIE KLEINE SCHWESTER

Sie schauen gemeinsam in die Kamera. Sie verlieben sich in denselben jungen Mann. Sie lachen gemeinsam; sie flüstern, sie amüsieren sich.

Die beiden jungen Frauen, die eine 23, die andere 19 Jahre alt, schalteten eine Anzeige in den Kieler Nachrichten, das war im Jahr 1943: Sie wollten mit Soldaten an der Front korrespondieren. Sie erhielten unzählige Briefe, viele wollten die jungen Damen kennenlernen. Einigen antworteten sie, viele sortierten sie aus; an den langen Kriegsabenden vertrieb es ihnen die Zeit, das Sortieren, das Aussortieren, das Schreiben. Es machte ihnen Spaß, die Antworten zu lesen.

Dann war der Krieg aus. Dann meinten die Eltern, nun sollte es ernst werden. Die Ältere sollte nun endlich unter die Haube. Der linkische Jurist mit dem leicht schütteren Haar, mit adligem Vorzeichen, siebzehn Jahre älter als sie, der machte ihr den Hof. Ihre Eltern drängten auf Entscheidung. Sie verlobten sich. Die kleine Schwester lächelte; gemeinsam machten sie sich über den Verlobten lustig, die Braut und die kleine Schwester. Noch sollte es nicht ernst werden.

Joachim tauchte auf, auch Jurist, auch ein wenig linkisch, aber immerhin nur 12 Jahre älter. Die Braut gab ihrem Verlobten den Laufpass und entschied sich für Joachim. Da war die Kleine mindestens so erleichtert wie die große Schwester. Die Jüngere fand nach dem Krieg Arbeit bei den Engländern. Es war im Norden, in der britisch besetzten Zone. Mit Gründung der Bundesrepublik fand sie eine Stelle bei einer Luftfahrtgesellschaft. Sie ging nach Frankfurt am Main und nahm sich dort ein möbliertes Zimmer. Die Ältere heiratete den Juristen, beendete ihre Berufstätigkeit mit dem Tag der Eheschließung, folgte ihrem Mann als Hausfrau und Mutter ins Rheinland. Die Jüngere kam zum Karneval nach Düsseldorf. Alle waren verkleidet. Sie posiert mit der kleinen Rotkäppchennichte und dem Pagenneffen fürs Foto. Sie fuhr zurück nach Frankfurt. Ein Telegramm fordert die Ältere auf, so schnell wie möglich nach Frankfurt zu kommen. Im Kostüm lag die Schwester auf dem Bett.

Manchmal ist es zu viel für ein einziges Leben, für ein Überleben: Das zwölf Jahre währende Versteckspiel, wenn der arische Nachweis fehlt; der Wunsch nach dem eigenen Leben, weit weg von den Eltern; Berufstätigkeit, Selbständigkeit, Liebe, Familie, viele Möglichkeiten oder wenige oder keine; was erlauben die frühen fünfziger Jahre einer jungen Frau? Was erlaubt sich eine junge Frau in den frühen fünfziger Jahren?

Die Trauer der großen Schwester fand keinen Raum; die Todesursache musste verschwiegen werden, niemand durfte etwas wissen; es war das schwache Herz oder die Lungenentzündung oder beides zusammen. Die Kinder zum Kindergarten bringen, den Haushalt in Ordnung halten, das Mittagessen kochen, die Kinder aus dem Kindergarten abholen, das Essen auf den Tisch, der Mann kommt kurz aus dem Büro, zum Essen, zu einem kleinen Mittagsschlaf, bei dem er nicht gestört werden darf, schon gar nicht von den Kindern; sie stört sowieso nicht, sie schreibt an ihre Mutter, sie näht für ihre Kinder, sie geht mit ihm ins Theater – manchmal sogar in die Oper, obwohl sie Opern eigentlich gar nicht leiden konnte; keiner sah sie weinen. Niemand war ihr so nah gewesen wie die kleine Schwester. Aber mit der Nähe war es vorbei – aus und vorbei – die Nähe führt ins Grab – sie muss stark sein, sie muss hart sein, hart gegen sich selbst; stark und unerbittlich bis in den Tod, fünfzig Jahre später.

Den Krieg und die Nazis überlebt und dann ein Jahrzehnt später aus dem Leben gegangen – Widerspruch oder Folge? Die Kosten des

Überlebens waren so hoch, die Schäden so groß, so viel schon ausgehalten, alles hineingefressen, alles nach innen, dass es nun einfach zu viel war, dass da drinnen nun kein Platz mehr war; irgendwann kann der Mensch nicht mehr, irgendwann ist die Grenze erreicht.

In der Wohnung meiner Kindheit, die die Wohnung meiner Mutter bis zu ihrem Tod bleiben sollte, stand immer auf dem Eckschrank das Foto der Schwester, schwarzweiß, Bubikopf, lächelnd, dunkle Augen; davor meist ein kleines Blümchen, ein Alpenveilchen im Winter, ein frischer Strauß im Frühjahr und Sommer.

Die Kleine hatte gezeichnet und gemalt. Sie hatte Kochbücher und Gedichtbändchen verziert. Um ihr künstlerisches Talent hatte die Große sie immer beneidet. Sie zeigte uns die Zeichnungen und Illustrationen der kleinen Schwester. Und sie erzählte uns vom gemeinsamen Spiel in der Kindheit.

Im November 1925 geboren, endet ihr Leben im Februar 1954.

Der Geliebte war in der Facharztausbildung, am Uniklinikum in Frankfurt, Stadtteil Sachsenhausen. Sie hatte ein Zimmer gleich nebenan, im Uniklinikum ging ihr Leben zu Ende. Der Geliebte kam nach Norddeutschland zur Trauerfeier; eine ansehnliche Familiengrabstätte, kein Wort über die Todesursache. Was hätte der Pastor gesagt? Hätte er das christliche Begräbnis verweigert?

Der Geliebte reicht der Mutter der Toten ein Taschentuch, er reicht ihr den Arm, liebevoll flüstert er mit ihr. Die große Schwester sieht das und will es nicht sehen; sie ist entsetzt, empört, angewidert. Was tut ihre Mutter da? Von wem nimmt sie Trost entgegen? Es scheint ihr zu gefallen, weil sie gefällt, ihm gefällt; wie leicht die Mutter mit ihm spricht, ein Lächeln unter Tränen ...

Die Tochter ist tot. Findet der Geliebte Gefallen an der Mutter? Und die Mutter der Verstorbenen an ihm? Ist die Mutter die Nächste, die auf ihn hereinfällt? Auf den Leichtfertigen, den Leichtfuß, der doch die Tochter auf dem Gewissen hat?

Die große Schwester ist allein, von der Schwester verlassen, von der Mutter im Stich gelassen. Allein mit sich und mit ihren Schuldgefühlen.

Der Rosenmontag, immer wieder der Rosenmontag, wann wollte die Schwester reden, hätte sie reden wollen, kam sie hilfesuchend, immer hatten sie sich geholfen, hätte sie ihr helfen können, standen ihr Eheleben und ihre Kinder zwischen ihnen, hat sie, beschäftigt mit ihren Kindern, Signale übersehen, wann sendete die kleine Schwester Signale, wie war die Abreise, was waren die letzten Worte am Bahnsteig, wie stieg sie in den Zug, winkte sie noch aus dem Fenster, weinte sie da, oder lächelte sie?

Lasse dich nie mit Männern ein, tu es nicht, niemals!« Das machte sie später in der Erziehung ihrer Töchter zum elften Gebot. In den wilden Aufbruchsjahren der Spätachtundsechziger, da hält sich die Tochter nicht an das elfte Gebot. Die Mutter wiederholt es, es verhallt ungehört, der Freund der Tochter umarmt und küsst in der Öffentlichkeit der Familie. Die Mutter erträgt es nicht, verbietet und gebietet. Die Tochter kennt keine elterlichen Verbote mehr. Die Tochter will alles oder nichts. Die Mutter hat Angst um die Zukunft der Tochter, ja eigentlich um das Leben der Tochter. *»Dass es dir nicht so geht wie ihr«*, sagt sie und deutet auf das Foto: *»Es war keine Lungenentzündung, es war kein schwaches Herz, es waren Schlaftabletten.«*

Nun war es heraus, nach zwanzig Jahren.

Die Tochter denkt an das Bild auf dem Eckschrank, denkt daran, wie die Kinder immer gefragt haben, erzähl von ihr; denkt an die Faszination, die von dem Bild der jungen Toten ausging, alle anderen Bilder von Toten waren von alten Toten, so jung und nicht mehr älter werdend, mit der Lungenentzündung kämpfend, vergeblich. Es war keine Lungenentzündung, es war kein schwaches Herz, es war der Mann. Die Tochter hat nie von ihm gehört, wohl wusste sie, dass ihre Tante weggegangen war, berufliche Gründe, gute Chancen, die Fluggesellschaft, der Rhein-Main-Flughafen im Ausbau.

Keine Lungenentzündung, kein schwaches Herz, der Mann hatte noch eine andere; sie kam vom Rosenmontagszug, wollte ihn überraschen mit ihrer frühen Ankunft, im Kostüm, klingelte bei ihm, er war nicht allein, Minuten später, sie in ihrem Zimmer, auf dem Bett, das leere Röhrchen daneben, er kam zu spät, die Zimmerwirtin schickte ein Telegramm an die Schwester; die Schwester kam, sie kam zu spät.

Und die Moral von der Geschichte? Wie in der Moritat, tot mit nicht einmal dreißig Jahren. Die Frau auf dem Foto im Eckschrank bleibt immer jung.

Meine Patentante, die beste Freundin meiner Mutter, sagte mir viel später, Jahrzehnte später, als ich in den 1980er Jahren stolz mit Freund und Kind zu ihr kam: »Deine Mutter hat nie über den Tod der Schwester gesprochen, deine Mutter war danach verschlossen, der Tod hat sie verschlossen.«

Auf der Beerdigung hatte der junge Arzt in der Facharztausbildung mit der Mutter, die nicht mehr seine Schwiegermutter werden konnte, gesprochen. Auf der Beerdigung und auch danach, er ließ sich von ihr noch einmal einladen, suchte weiter den Kontakt zur Familie; die Empörung meiner Mutter war grenzenlos, sie sprach nicht mit ihm, sie mied jede Begegnung nach der Beerdigung.

Puti fand ihn zufällig dreißig Jahre später im Telefonbuch. Eine andere Region. Rheinisch, nicht norddeutsch, nicht hessisch. Der Doktortitel, eine gute Adresse im Speckgürtel einer ansehnlichen Großstadt. Eine große Praxis. Eine nette Familie. Zwei Töchter. Vorgarten mit Buchenhecke und Rosenbeeten.

Und die Frau, seine Frau, war es die vom Rosenmontagabend? Eine Frau in den besten Jahren; Wirtschaftswunderwohlstand, problemlose Geburten, kleinere Ehekrisen; als die Jüngste zum Teenager heranwächst, Wiedereinstieg ins Arbeitsleben, halbtags in einer Versicherung, später dann dreiviertel Stelle, die Ausbildung der Kinder ist teuer, die Praxis wirft gut, aber nicht gut genug ab ... Wäre das das Leben der kleinen Schwester gewesen?

Einmal fährt meine Mutter an dem Haus vorbei, verlangsamt, fährt fast im Schritttempo, fast schon unverschämt, voyeuristisch, aber niemand sieht sie, sie sieht die Buchenhecke und die Rosenbeete.

Einige Monate noch spielt sie mit dem Gedanken, einfach mal in der Praxis vorbeizuschauen, einfach so, sich nicht erkennen geben, sehen, wie er jetzt aussieht, was für Hände er hat, »*Hände altern am schnellsten, an den Händen kannst du das Alter erkennen.*« Dann lässt sie den Gedanken fallen, er verschwindet leise.

Die junge Frau auf dem Foto altert nicht.

WAS BLEIBT

Sie nahm sich selbst nicht so wichtig, weil sie so viel anderes Leid gesehen, gefühlt, gespürt hatte. Sie hatte es in den zwölf entscheidenden Jahren, zwischen ihrem dreizehnten und ihrem fünfundzwanzigstem Lebensjahr, nicht nur gelernt, zwischen den Identitäten zu leben. Sie hatte es auch gelernt, aufmerksam zu sein: aufmerksam gegenüber lauernden Gefahren, aufmerksam gegenüber politischen Veränderungen und Verdichtungen, aufmerksam gegenüber Stimmungen in der Familie.

Sich selbst nicht so wichtig nehmen, das hieß in dem Teil ihres Lebens, den die Tochter miterleben durfte, eine kritische, manchmal ironische Distanz zu jeglicher Innenschau zu wahren, das hieß, sich um gestellte und zugewiesene Aufgaben zu kümmern, das bedeutete, nicht so hoch hinaus zu wollen, das bedeutete, eigenen Seelenschmerz zu verdrängen – ein Wort, das sie nie verwendet hätte – und den Seelenschmerz anderer zu lindern, so weit es ging, ohne ihn allzu zu ernst zu nehmen.

Sich selbst nicht so wichtig nehmen, das bedeutete in ihrem Leben – und wieder meine ich den Teil, den ich ein wenig kenne – Verantwortung übernehmen innerhalb und außerhalb der Familie; eine Verantwortung, die vieles umfasste, als Tochter, als Ehefrau und als Mutter zu tun, was getan werden musste und so lange es getan werden musste, und das war viel mehr und es war viel länger, als ihre Töchter für gut hielten. Verantwortung für viele andere, denen sie schrieb, die sie besuchte, denen sie Mut zusprach.

Sich selbst nicht so wichtig nehmen, das bedeutete immer wieder einen scharfen Blick oder eine distanziert böse Bemerkung gegenüber denen, die sich selbst wichtiger nahmen. Es bedeutete einen Ausdruck versteckten Ärgers, stiller Aggressivität, unterdrückten Zorns. Es war »übertrieben«, wenn eine Freundin zu viel von sich selbst sprach, wenn eine ihrer Töchter sich zu sehr um sich selbst kümmerte, wenn eine Enkelin eigene Bedürfnisse postulierte und auslebte.

Wer weiß, wie viel von ihr, so wie ich sie kannte, mit den zwölf Jahren des Schweigens, des Versteckens, des Sichzurücknehmens verbunden ist?

Was mir nachklingt, ist ihr Erschrecken über Neonazis, ihr Entsetzen über antisemitische Friedhofsschändungen.

Was mir nachklingt, ist auch ihre Warnung, sich ja nicht zu weit vorzuwagen, ja nicht zu viel von sich preiszugeben, ja nicht zu viel zu fordern.

So durfte – und das galt bis zu ihrem Tod – nur die engste Verwandtschaft von ihrer »nichtarischen Abstammung« wissen; so wurde sie kritisch und böse, wenn prominente jüdische Vertreter im Deutschland des ausgehenden 20. Jahrhunderts und des beginnenden 21. Jahrhunderts zu viel von sich reden machten und womöglich zu viele Forderungen an bundesdeutsche staatliche Stellen richteten.

»*Das muss doch nicht sein*« hörte ich unzählige Male von ihr.

Läse sie die vorangehenden Seiten, sagte sie auch »Das muss doch nicht sein«? Doch vielleicht sagte sie es und lächelte dabei im Stillen?

NACHWORT

Was bleibt mir als Enkel zu sagen? Schon in der Art, wie ich etwas hierzu beitragen könnte, zeigt sich auch der rote Faden dieser Lebensgeschichte: All dies war mir lange Zeit nicht im Ansatz bewusst.

Klar, mit zunehmendem Alter nahm ich immer mehr die so präsente Genügsamkeit wahr. Nur war das erst mal nichts Besonderes: So sind Omas eben – zumindest in Kinderaugen. Diese hier beschriebenen einschneidenden Erlebnisse der Vergangenheit wurden nicht geteilt: Die jüdische Herkunft hatte noch den Reiz einer geheimnisvollen Ahnung, das Bild der Schwester verschwamm diffus in einer Krankheitsgeschichte, ohne uns den Schimmer einer Ahnung zu geben, und dass wir von frühen Lieben nichts erfuhren, versteht sich von selbst.

Es ist gerade dieses explizite In-eine-Reihe-Stellen der Erlebnisse, das den Text für mich so lesenswert macht.

Dominique Schmidt
Putis Enkelsohn
Berlin, September 2011

Viele Jahre später, Puti tritt als Oma Puti, die Großmutter meines Sohnes und meiner Tochter, auch in mein Leben. Eine Frau mit Prinzipien, so scheint es mir, streng und klar in ihren Ansichten, dabei zugewandt und interessiert, sie sorgt für die »Ihren«, bald auch für mich.

Genüge ich ihren Ansprüchen? Zunehmend erkenne ich weichere Züge in ihr, die Begegnungen werden offener, kleine Albernheiten sind möglich. Bald schon wird Puti Witwe: Was bedeutet das, was bedeutet das für Puti? Es ist mir rätselhaft. Keine Klage geht je über ihre Lippen, das, was zählt, ist die Familie, die Verbundenheit, die Verantwortung dafür, die Zeit für Gemeinsames, dafür sorgt sie, das ist ihr wichtig, nach wie vor, mehr denn je, auch jetzt, mit über 70 Jahren.

Bewundernswert und zugleich irritierend für mich ihr Kontakt mit dem nahen Ende, die Diagnose: »wenig Lebenszeit noch«.

»Ich will euch nicht zur Last fallen«, das ist ihr wichtig, auch jetzt noch. »Ich wünsche mir, dass ihr alle harmoniert«, da ist sie wieder, die Harmonie, zu viel davon? »Vielleicht kann ich ein Schutzengel werden«, so verabschiedet sie sich von uns.

Robert Bernhardt
Putis Schwiegersohn
Marburg, August 2011

Als ich sie näher kennenlernte, war sie schon eine ältere Frau. Dass man sie Puti nannte, hat mich irritiert. Blond, kindlich, naiv, quirlig, das sind meine Assoziationen bei diesem Namen. Wahrscheinlich stammt dieser »Kosename« aus ihren Kindertagen. War diese freundlich-strenge Frau ein Kind, dem man solche Attribute zuordnen konnte? Ich habe sie nie danach gefragt, nach ihrer Kindheit. Überhaupt: Das Nachfragen fiel mir immer schwer bei ihr. Natürlich war es eine Lust, sich mit ihr zu unterhalten. Sie war eine gebildete Frau, die sich für alle Lebensbereiche interessierte, man konnte viel lernen von ihr. Sie war jederzeit gut informiert. Sie war »belesen«. Die Unterhaltungen blieben jedoch immer diszipliniert und höflich und freundlich. Ich habe nicht ausprobiert, wie sie reagiert, wenn ich eine kontroverse Meinung habe. Wie wäre es gewesen, einmal einen Streit, einen kleinen, mit ihr auszutragen? Streitend lernt man sich auf ganz andere Weise kennen.

Ja, also das Nachfragen, das habe ich versäumt. Als sie erfuhr, dass sie sehr krank ist, hat sie da geweint? Haderte sie mit Gott, hat sie ihn beschimpft, dass er so etwas zulässt? Sie hat nie darüber geredet, und ich habe nicht gewagt zu fragen und habe es nicht geschafft ihr nahe zu kommen.

Was bleibt, wenn ich an sie denke, was fällt mir spontan ein? Ja, ich hätte sie so gerne einmal voller Lust laut lachen gesehen und gehört. Voller Lust – das ist wichtig.

Ilse Friederike Werner
Angelas Freundin
Frankfurt am Main, September 2011

QUELLEN UND ANMERKUNGEN

1   Flesch-Thebesius, Marlies, 2008, Hauptsache Schweigen: Eine Familiengeschichte. Societäts-Verlag, Frankfurt/Main

2   Koehn, Ilse, 2002, Mischling zweiten Grades. Rowohlt, Hamburg

3   Gensch, Brigitte/Grabowsky, Sonja (Hrsg.), 2010, Der halbe Stern. Verfolgungsgeschichte und Identitätsproblematik von Personen und Familien teiljüdischer Herkunft. Psychosozial, Gießen

4   BdM lautet die Abkürzung für Bund deutscher Mädels, entsprechend der Hitlerjugend für die männlichen Jugendlichen war es die nationalsozialistische Organisation für die Mädchen.

5   Die Nürnberger Gesetze, auch Nürnberger Rassengesetze genannt, wurden am 15. September 1935 anlässlich des 7. Reichsparteitags der NSDAP (»*Reichsparteitag der Freiheit*«) in Nürnberg vom Reichstag angenommen und vom damaligen Reichstagspräsidenten Hermann Göring »feierlich« verkündet. Der Reichstag war eigens zu diesem Zweck telegrafisch nach Nürnberg einberufen worden. Zu diesem Zeitpunkt war die ideologische Gleichschaltung des nationalsozialistischen Staatsapparates schon weit fortgeschritten. Sozialdemokraten und Kommunisten waren bereits aus dem Reichstag eliminiert worden. Reichstagsabstimmungen waren zu einer Farce geworden und dienten ausschließlich der ideologischen Untermauerung nationalsozialistischer Macht. Dieser pervertierte Reichstag erfüllte seinen Auftrag am Abend des 15. September einstimmig. Mit den Nürnberger Gesetzen institutionalisierten die Nationalsozialisten ihre antisemitische Ideologie auf einer sogenannten juristischen Grundlage.

6   Am 14. November 1935 wurde in einer »*Ersten Verordnung zum Blutschutzgesetz*« <ref>RGBl 1935 I, 1334f</ref> festgeschrieben, dass so genannte »Halbjuden« nur dann »Deutschblütige« oder »Vierteljuden« ehelichen durften, wenn eine Genehmigung erteilt wurde. Tatsächlich aber blieben deren Anträge auf eine Heiratsgenehmigung meist erfolglos; nach 1942 wurden sie »für die Dauer des Krieges« nicht mehr angenommen. Ehen zwischen zwei »Vierteljuden« *sollten* nicht geschlossen werden. »Vierteljuden« und »Deutschblütige« dagegen durften heiraten. Dahinter stand die Überlegung,

das »rassisch kostbare arische Blut« zu bewahren, während der geringe jüdische Blutsanteil im Laufe der Generationen verblassen würde.

7   Brix war der Kosename für die jüngere Schwester. Anneliese wurde zeitlebens Puti oder Lix genannt, die Schwester Brix.

8   »Mehr als eine halbe Million Frauen waren für kürzere oder längere Zeit Wehrmachthelferinnen. Über die Hälfte von ihnen meldete sich freiwillig, die anderen waren notdienstverpflichtet oder kriegshilfsdienstpflichtig. Sie zählten wie die hilfswilligen Kriegsgefangenen (siehe ›Hilfswilliger‹) zum sogenannten Behelfspersonal. Die Frauen wurden nicht nur im Reich eingesetzt, sondern zu einem kleinen Teil auch in besetzten Gebieten, so im Generalgouvernement, in Frankreich, später auch in Jugoslawien, Griechenland und im verbündeten Rumänien, als Stabshelferinnen. Sie leisteten militärische Hilfsdienste, waren militärischen Vorgesetzten unterstellt und arbeiteten unter den Bestimmungen des Militärrechts. Sie arbeiteten vor allem als Telefonistinnen, Fernschreiberinnen, Funkerinnen, Stenotypistinnen, Bürohilfskräfte und Botinnen, in der Reichsluftverteidigung zur Abwehr feindlicher Flugzeuge im Horchdienst, Flugwachdienst, Flugmeldedienst, Wetterdienst, Jägerleitdienst und Luftschutzdienst bei der Flugabwehr an Flugabwehrkanonen (Flak) z. B. an Scheinwerfern oder als Hilfskanoniere an Flakhilfsgeräten (s.u.) sowie im Militärsanitätsdienst (sog. Freiwillige Krankenpflege des Deutschen Roten Kreuzes und anderer karitativer Organisationen. Siehe auch ›Krankenpflege im Nationalsozialismus‹). Die Wehrmachthelferinnen übernahmen oft die Arbeitsplätze von Soldaten, die an die Front abkommandiert wurden. Einige militärische Einheiten bestanden am Ende des Krieges fast ausschließlich aus Frauen. Ihre Ausbildung dauerte maximal 12 Wochen.« (http://de.wikipedia.org/wiki/Blitzm%C3%A4del)

9   **Geschichte der Stiftung Lette-Verein**
»Wer nicht weiß, woher er kommt, kann auch nicht den Weg in die Zukunft finden.« (Dr. Ella Barowsky)
Im Jahre 1866 gründete Wilhelm Adolf Lette den »Verein zur Förderung der Erwerbsfähigkeit des weiblichen Geschlechts«, der nach seinem Tod 1868 in »Lette-Verein« umbenannt wurde. Ab 1872, unter der Leitung von Anna Schepeler-Lette, wurde der Verein Schulträger und bot nach kurzer Zeit eine

Vielzahl von Ausbildungen für Frauen an. Er wirkte damit bahnbrechend für die Förderung der Frauenerwerbstätigkeit. Am 18. Oktober 1902 wurde das heute denkmalgeschützte Gebäude Viktoria-Luise-Platz 6 in Schöneberg bezogen; entworfen wurde es vom bekannten Architekten Alfred Messel.

1943/44 wurde als Rechtsnachfolgerin des privaten Vereins eine Stiftung öffentlichen Rechts errichtet; die Schulen wurden öffentliche Schulen. Die Rechtsform wurde 1963 im Gesetz über das Pestalozzi-Fröbel-Haus und den Lette-Verein bestätigt.

1984 wurde der Neubau des Laborgebäudes in der Geisbergstraße bezogen.

Heute präsentiert sich das Berufsausbildungszentrum Lette-Verein als traditionsreiches Haus, das moderne, praxisorientierte und finanzierbare Berufsausbildungen auf hohem Niveau anbietet.

(http://www.lette-verein.de/Stiftung%2BGeschichte)

Ich danke
Robert, Dominique und Celia,
die mich dazu ermutigt haben,
mit diesem Text in die Öffentlichkeit zu gehen.

BIOGRAPHISCHES